손안의 불서

4

보왕삼매론 풀이

KB190354

차 례

독송용 보왕삼매론 寶王三昧論

1. 몸에 병 없기를 바라지 말라. 몸에 병이 없으면 탐욕이 생기기 쉽나니, 그러므로 대성인이 '병고로써 양약을 삼으라' 하셨느니라.

2. 세상살이에 고난 없기를 바라지 말라. 세상살이에 고난이 없으면 교만과 뽐내는 마음이 생기나니, 그러므로 대성인이 '환난으로써 해탈을 삼으라' 하셨느니라.

3. 마음공부에 장애 없기를 바라지 말라. 마음공부에 장애가 없으면 배움이 등급을 뛰어넘게 되나니, 그러므로 대성인이 '장애 속을 자유로이 거닐어라' 하셨느니라.

4. 수행하는 데 마 없기를 바라지 말라. 수행하는 데 마가 없으면 서원이 견고해지지 못하나니, 그러므로 대성인이 '마로써 수행을 돕는 벗을 삼으라' 하셨느니라.

5. 일을 꾀하되 쉽게 되기를 바라지 말라. 일이 쉽게 이루어지면 뜻이 가볍고 교만해지나니, 그러므로 대성인이 '일의 어려움을 안락으로 삼으라' 하셨느니라.

6. 정을 나누되 나에게 이롭기를 바라지 말라. 나의 이익을 바라며 정을 나누면 도의를 잃게 되나니, 그러므로 대성인이 '순결로써 밑거름을 삼으라' 하셨느니라.

7. 남이 내 뜻대로 순종해주기를 바라지 말라. 남이 내 뜻대로 순종하면 자긍심에 빠져드나니, 그러므로 대성인이 '거역하는 이를 원림園林으로 삼으라' 하셨느니라.

8. 덕을 베풀되 보답을 바라지 말라. 보답을 바라게 되면 도모하는 생각을 가지게 되나니, 그러므로 대성인이 '베푼 덕을 헌신짝처럼 버려라' 하셨느니라.

9. 이익을 분에 넘치게 바라지 말라. 이익을 바람이 분을 넘게 되면 어리석은 마음이 요동을 치나니, 그러므로 대성인이 '이익을 멀리함을 부귀로 삼으라' 하

셨느니라.

10. 억울함을 당하여 자꾸 밝히려고 하지 말라. 억울함
    을 자꾸 밝히고자 하면 원망과 한이 무성하게 자라
    나니, 그러므로 대성인이 '억울함을 수행의 문으로
    삼으라' 하셨느니라.

이와 같이 막히는 데서 도리어 통하고 통함을 구하
는 데서 도리어 막히게 되나니, 여래께서는 이 장애 속
에서 보리도를 얻었을 뿐 아니라 앙굴리마라와 제바달
다의 무리가 반역의 짓을 하였는데도 그들에게 수기를
주고 교화하여 성불토록 하셨느니라.
    어찌 저들의 거스름을 나의 순리로 삼지 않을 것이
며, 저들의 훼방을 나의 성취로 삼지 않을 것인가.
    평소에 장애를 생각해 보지 않으면 장애가 다다랐
을 때 능히 이겨내지 못하여 법왕의 큰 보배를 잃게 되
나니, 어찌 애석하고 슬프지 아니하랴!

序. 걸림돌을 디딤돌로

너무나 좋은 글귀로 구성되어 있기에 많은 불자들이 독송을 하고 깊이 마음에 새기는 「보왕삼매론」!

「보왕삼매론」은 일상생활 또는 수행 중에 생겨나는 걸림돌을 행복의 주춧돌과 성공의 디딤돌로 바꾸어 주는 가르침입니다. 시시각각으로 다가오는 장애들을 지혜롭게 수용하여 자유와 행복과 청정과 해탈을 이루는 방법을 함축성 있게 설한 것이 「보왕삼매론」입니다.

곧 「보왕삼매론」은 인생살이에서 열 가지 큰 장애가 되는 행인 십대애행十大礙行에 대해 이야기하고 있습니다.

이 '십대애행'에는 인생살이에서의 순경順境과 역경逆境이 반반씩 안배되어 있습니다.

① 몸의 병 ② 세상살이의 고난
③ 마음공부의 장애 ④ 수행의 마魔
⑩ 억울함을 당함은 역경에 대한 것이요,

⑤ 일의 쉬운 성취   ⑥ 정을 나눔

⑦ 다른 이의 순종   ⑧ 덕의 베풂

⑨ 이익은 순경에 대한 것입니다.

그런데 이 모두를 인생살이의 장애요 행복의 장애라고 하였습니다. 역경은 '나'를 거스르기 때문에 그 자체가 장애입니다.

그럼 순경을 왜 장애라고 하는가? 나에게 맞는 순경이라고 하여 마음 흐르는 대로 방치를 해서 지나치거나 그릇된 길로 나아가게 되면, 순경이 곧바로 역경으로 바뀌기 때문에 장애라고 한 것입니다.

나아가 보왕삼매론은 이러한 장애들을 이겨내면서 도를 익히고 행복을 이루어내도록 일깨워주고 있습니다.

업보중생業報衆生인 우리에게는 쉼 없이 장애가 찾아듭니다. 싫어해도 찾아들고 미워해도 다가옵니다. 도망을 가면 더욱 악착스럽게 따라붙습니다.

과연 이 장애들을 어떻게 극복할 것인가? 무엇보다도 그 장애들을 싫어해서는 안 됩니다. 싫어하지 말고 피하지 말고 도망가지 말고, 지금 이 자리에서 장애로운 걸림돌을 디딤돌로 만들어야 합니다.

정녕 이 장애를 누가 만들었습니까? 신이 주는 시련입니까? 마구니의 장난입니까? 아닙니다. 내가 만든 결과물이 나에게로 다가온 것입니다. 그야말로 인과응보입니다.

그러므로 온 마음으로 장애들을 긍정하고, 장애와 하나가 되어 장애를 극복해야 합니다. 그렇게 되면 장애가 나를 결박하지 못하고, 오히려 새로운 삶과 좋은 결실을 안겨줍니다. 이는 마치 금이 함유된 광석을 펄펄 끓는 용광로 안에 넣는 것과 같습니다.

광산에서 금광석을 캐면 그 속에는 금만 있는 것이 아닙니다. 은도 있고 동도 있고 철도 있고 아연도 있기 마련입니다. 곧 그 금광석 자체는 금이 아닙니다. 따라서 순금을 만들어내기 위해서는 하나의 과정을 반드시 거쳐야 합니다. 잡된 금광석을 용광로에 넣어 불로 가열하는 것이 그것입니다.

불은 광석 전체를 녹입니다. 금마저 녹입니다. 그 결과 잡된 이물질이 다 분리되어, 세계 어디에서나 통용이 되는 24K의 순금을 얻을 수 있게 되는 것입니다.

순금을 얻고 나면 어떻습니까? 그 금으로 금괴·금가락지·금팔찌·금목걸이·금돼지·순금열쇠 등을 마음대로 만들 수 있고, 한결같이 높은 가치를 지닐 수 있게 됩니다.

장애와 함께 하는 우리의 삶은 잡된 것들이 뒤섞여 있는 금광석과 같습니다. 그때 우리는 불을 피워야 합니다. 찾아든 장애와 함께 불 속으로 뛰어들어 순금을 개발해야 합니다.

장애를 만났을 때 싫어하지 않고 용맹심의 불을 일으키게 되면 그 장애가 '나'를 얽어매지도, 힘들게 하지도 못합니다. 오히려 우리 속의 진금眞金을 얻을 수 있게 합니다.

이렇게 삶 속의 걸림돌을 주춧돌로 디딤돌로 바꾸는 원리를 설하여, 모든 문제와 장애들을 미리 막아 지혜롭고 자유로운 삶을 살 수 있도록 이끌어주는 「보왕삼매론」. 이 얼마나 바람직하고 가치 있는 가르침입니까?

이제 모두가 함께 이 「보왕삼매론」을 통하여 큰 기틀과 큰 행복과 큰 자유를 증득하시기를 축원 드리면서 「보왕삼매론」의 본문을 열겠습니다.

1. 병고를 양약으로 삼아

몸에 병 없기를 바라지 말라. 몸에 병이 없으면 탐욕이 생기기 쉽나니, 그러므로 대성인이 '병고로써 양약을 삼으라' 하셨느니라.

념신불구무병 신무병즉 탐욕내생 시고대성화인 이병고
念身不求無病 身無病則 貪欲乃生 是故大聖化人 以病苦
위 양 약
爲良藥

사람들은 몸에 병이 깃들지 않기를 기원합니다. 언제나 병 없이 살기를, 건강하게 살기를 기원합니다. 병뿐만이 아닙니다. 늙음도 죽음도 찾아오지 않기를 바랍니다. 그러나 「보왕삼매론」에서는 이러한 기대부터 '말라'고 합니다.

"몸에 병 없기를 바라지 말라."

'원치 않는 병이여, 제발 찾아들지 말라'는 것은 지극히 당연한 인간적인 바람입니다. 그런데 왜 '바라지 말라'고 한 것일까요? 「보왕삼매론」에서는 몸에 병이 없을 때 생겨나는 병폐를 지적하고 있습니다.

"몸에 병이 없으면 탐욕이 생기기 쉽다."

사람들은 몸이 건강할 때 무상無常함을 잘 생각하지 않습니다. 건강할 때는 병과 죽음이 느껴지지 않으므로 감각기관이 좋아하는 바를 좇아다니면서 삽니다. 병들었을 때를 생각하지 않고 현재의 탐착하는 바를 따라 살아갑니다.

과연 무엇에 탐착하며 살아가는가? 요약하면 재욕財欲 · 색욕色欲 · 식욕食欲 · 명예욕名譽欲 · 수면욕睡眠欲의 오욕락五欲樂에 탐착하고, 오욕락을 누리며 살고자 하는 것입니다. 그럼 이 오욕락이 나쁜 것인가?

인간의 기본적인 욕망인 오욕락은 결코 나쁘기만 한 것이 아닙니다. 돈이 부족하면 갖고 싶고, 배가 고프면 먹고 싶고, 이성과 함께하고 싶고, 피곤하면 자고 싶어집니다. 따라서 적당하게 가지고, 합당하게 즐기고, 알맞게 먹고, 잘 만큼 자는 것은 전혀 문제가 되지 않습니다. 당연한 바람인데 어찌 문제가 되겠습니까?

문제는 '싶다'가 지나칠 때 일어납니다. '싶다'가 지나치면 탐욕貪欲이 됩니다.

이 탐욕은 '더 갖고 싶다', '더 하고 싶다', '더 먹고 싶다', '더 누리고 싶다', '더 자고 싶다'는 등의 '남보다 더, 지금보다 더 ~하고 싶다'는 생각을 놓아버릴 줄 모릅니다.

그리하여 탐욕은 '나'에게 맞고 내가 바라는 바를 나의 것으로 만들기 위해 잡아당기고 끌어당깁니다. 나의 것이 아닌데도 잡아당겨 내가 먹고, 상대가 원하지 않는데도 끌어당겨 나의 것으로 만들며, 가져서는 안 되는 것인데도 잡아끌어 내가 가지는 것이 탐욕입니다.

이렇게 하다가 정도를 넘어서면 어떻게 됩니까? 파멸을 하고 패가망신합니다. 탐욕심으로 끊임없이 끌어당기다 보면 당연히 지켜야 할 선線을 넘어서게 되고, 마침내는 파멸 속으로 빠져들게 됩니다.

이것을 누가 모르겠습니까? 그런데도 사람들은 쉽게 탐욕 속으로 빠져듭니다. 그 결과 맛있는 음식, 이성과의 잦은 관계, 재물을 모으는 재미에 밤낮을 잊고 행하는 노동 등등으로 인해, 몸이 부실해지고 병이 찾아들어 마침내는 몸의 붕괴로 끝을 맺게 됩니다.

그럼 병 들고 죽으면 끝인가? 아닙니다. 이 몸을 위하고 쾌락을 위하여 남을 괴롭히고 희생시킨 악업惡業을 짊어지고 삼악도를 향한 여행을 떠나게 되는 것입니다. 그래서 「보왕삼매론」은 우리를 일깨우고 있습니다.

"몸에 병 없기를 바라지 말라. 몸에 병이 없으면 탐욕이 생기기 쉽나니, 그러므로 대성인이 '병고로써 양약을 삼으라' 하셨느니라."

병을 통하여 도심道心을 불러일으키고, 바른 삶을 이끌어내라는 사자후를 하고 있는 것입니다.

병고病苦 속의 불자들이여. 병이 찾아들면 병을 두려워하지 마십시오. 바로 그 병이 좋은 약입니다. 병든 이때가 바로 향상向上의 시기인 것입니다.

실로 나 스스로의 힘으로 생겨난 병을 치료할 수 있다면 문제가 아니지만, 나의 힘으로 안 되면 마땅히 의사와 약의 힘을 빌려야 합니다. 그런데 나의 힘으로도

의사의 힘으로도 해결할 수 없을 때에는 어떻게 해야 합니까?

우리는 불자이므로 불보살님께 매달려야 합니다. 하지만 적당히 매달려서는 안 됩니다. 매달리고 또 매달려 '나'를 잊는 삼매에 이를 때까지 매달려야 합니다.

불보살님은 우리에게 돈도 헌신도 복종도 요구하지 않습니다. 오직 '나'에서 비롯된 병이니 나를 잊을 때까지 기도하는 그 정성만을 요구합니다.

병고로써 양약을 삼아 향상된 길로 나아갑시다. 대자대비하신 불보살님, 그리고 법계에 가득 차 있는 영원한 생명력이 언제나 우리와 함께하고 있다는 것을 명심하면서….

이제 나의 몸인 **감로병**甘露瓶과 마음인 **감로수**甘露水에 대해 살펴보면서 한 가지 청을 드리고자 합니다.

사람들, 특히 나이가 많은 분들은 강조합니다.

"건강이 최고다. 건강만 해라."

"다 필요 없다. 안 아프면 된다."

그렇습니다. 건강이 최고입니다. 건강이 무너지면 근

심 걱정이 커지고, 제대로 할 수 있는 것이 없기 때문입니다. 하지만 이 몸보다, 이 몸의 건강보다 더 중요한 것이 있습니다.

그것은 마음의 건강입니다. 마음이 건강해야 우리의 몸을 망치는 탐욕〔貪〕과 분노〔嗔〕와 어리석음〔癡〕의 세 가지 독〔三毒〕을 넘어설 수 있고, 스트레스를 없앨 수 있고, 불필요한 근심 걱정을 벗어날 수 있습니다.

불필요한 근심 걱정이 없고, 스트레스가 없고, 탐욕과 분노와 어리석음을 벗어난 건강한 마음을 갖고 있어야, 몸이 건강해질 수 있고 행복해질 수 있고 평화로워질 수 있습니다. 한마디로 마음이 건강해야 몸이 건강할 수 있습니다.

이렇게 보면 무엇이 먼저입니까? 몸의 건강입니까? 마음의 건강입니까? 당연히 마음의 건강입니다. 그러므로 감로병인 몸 건강에만 너무 집착하지 말고, 감로수인 마음 건강에 주력해야 합니다.

감로병 속에 감로수가 아닌 썩은 물이나 오염된 물이 담겨 있다면, 그 병을 어찌 감로병이라 이름할 수 있겠습니까? 감로병은 감로수를 담고 있을 때라야 감로병이 될 수 있습니다.

병瓶인 이 몸을 아무리 아름답게 가꿀지라도 감로수가 들어 있지 않으면 감로병이 아닙니다. 그러므로 몸의 건강에 앞서 마음의 건강을 늘 먼저 챙겨야 합니다.

동시에 감로병인 몸에 구멍이 나거나 금이 가거나 한 쪽이 깨어지게 하여서는 안 됩니다. 감로수가 담겨 있을 수 없기 때문입니다.

그러므로 마음 감로수를 중요시하면서 몸인 감로병을 돌보아야 하고, 깨어지지 않도록 조심해야 합니다. 그래야만 마음과 몸이 함께 건강한, 진짜 행복한 사람이 될 수 있습니다.

물론 물질인 감로병은 언젠가는 깨어지게 되어 있습니다. 이 몸은 늙고 병들고 죽게 되어 있습니다. 다행히 의술이 발달한 요즘은 늙음과 죽음을 늦추어주고, 병도 예방해주고 있습니다.

그러므로 활력을 잃지 않게 몸을 가꾸고, 아프면 병원을 찾고, 건강검진을 미리 잘 받아 고혈압·당뇨·암 등 힘들고 갑작스럽게 불행을 안겨다 주는 병들을 예방하면서, 이기심과 자존심과 탐욕을 놓고 분노를 떠나보내며 맑고 밝은 마음으로 지내면, 내 몸과 내 마음은 물론이요 내 주변과 세상까지도 그지없이 건강해집니다.

나아가 자비심으로 보시하고 용서하고 이해하며 살면 정말 세상이 아름다워집니다.

나는 절대 손해 보지 않겠다는 내 이기심, 내 몸 하나 잘 지키고 잘 가꾸며 살겠다는 내 욕심이 나의 감로병과 감로수를 그릇되게 만든다는 것을 잊지 마십시오.

감로수, 나를 살려내고 모든 것을 살려내는 감로수를 잘 지녀야 내 몸이 진짜 감로병이 된다는 것! 이것 하나만은 꼭 기억하고 새겨주시기를 두 손 모아 청하옵니다.

부디 몸에만 집착하고 몸만 돌보는 데 빠지지 말고, 몸과 마음을 함께 살펴서, 향상과 깨달음과 행복이 가득한 감로의 삶을 이루시기를 깊이깊이 축원 드립니다.

2. 고난은 해탈의 원동력

세상살이에 고난 없기를 바라지 말라. 세상살이에 고
난이 없으면 반드시 교만과 뽐내는 마음이 생기나니, 그
러므로 대성인이 '환난으로써 해탈을 삼으라' 하셨느니라.

處世不求無難 世無難則 驕奢必起 是故大聖化人 以患
難爲解脫

이 글의 주제인 난難은 '어려움 · 곤란困難 · 고난苦難'
등으로 번역할 수 있으며, 이 세 가지는 비슷한 뜻을
가지고 있지만, 여기에서는 가장 포괄적인 의미를 지닌
'고난'으로 통일을 하여 풀이하겠습니다.

인간은 누구나 행복하게 살기를 원합니다. 고통 없이
편안하게, 괴로움 없이 즐겁게, 부족함 없이 풍족하게,
그리고 뜻과 같이 모든 것을 이루며 살기를 원합니다.

하지만 우리가 살고 있는 세상은 사바娑婆입니다. 사

바는 잡된 것으로 얽히고설켜 있는 '회잡會雜'의 세계요, 참지 않고서는 살아갈 수 없는 '감인堪忍'의 세계라는 뜻입니다.

바로 이러한 세상에 우리는 인연 따라 태어났습니다. 따라서 태어나 죽을 때까지 우리는 갖가지 고난을 겪어야 하고, 그 고난들을 극복하며 살아야 합니다. 왜냐하면 이것이 사바 중생의 숙명이기 때문입니다.

부처님께서는 세상살이를 고苦로 풀었습니다. 인간이면 누구나 삼고三苦와 팔고八苦를 벗어날 수 없다고 하셨습니다.

① 태어나는 괴로움[生苦^{생고}] ② 늙는 괴로움[老苦^{노고}]

③ 병드는 괴로움[病苦^{병고}] ④ 죽는 괴로움[死苦^{사고}]

⑤ 미운 이와 만나는 괴로움[怨憎會苦^{원증회고}]

⑥ 사랑하는 이와 헤어지는 괴로움[愛別離苦^{애별리고}]

⑦ 구하는 것을 얻지 못하는 괴로움[求不得苦^{구부득고}]

⑧ 번뇌가 치성하는 이 삶 자체의 괴로움[五陰盛苦^{오음성고}]

이상의 팔고와 함께, 근원적 괴로움인 삼고三苦는 고고苦苦·괴고壞苦·행고行苦의 셋으로 분류됩니다.

① 고고苦苦는 육체적인 고통 때문에 생기는 괴로움입니다. 춥고 덥고 배고프고 목이 마르고 아픈 경우 등, 몸이 저절로 느끼는 괴로움입니다. 바로 '몸이 괴로우니까 괴롭다'고 하는 것이 고고입니다.

② 괴고壞苦는 '나'의 몸이 아니라, '나'의 환경이나 신분의 변화 때문에 생기는 괴로움입니다. 사업이 망하거나, 높은 자리에 있던 사람이 쫓겨나거나, 의지하고 사랑하던 사람이 죽는 등의 변화로 인해 순경順境에서 역경逆境으로 전락할 때 받는 괴로움입니다.

③ 행고行苦는 당연하게 괴롭다고 느끼는 고고나 괴고와는 약간 다릅니다. 행고의 행行은 '변천하며 흐른다'는 뜻을 지닌 단어로, 이 세상의 모든 것은 변화무상하게 흘러가는 것이기 때문에 근원적으로 괴로움을 간직하고 있다는 것입니다.

사실 이 세상의 모든 것은 잠시도 가만히 있지를 않습니다. 모든 것은 끊임없이 변화하고 있으며, 우리 인간 또한 쉼 없이 흘러갑니다. 태어난 사람은 반드시 죽어야 하고, 젊은 사람은 반드시 늙어야 합니다.

'나'를 비롯한 모든 것은 끊임없이 변화하고 언젠가

는 사라지게끔 되어 있습니다. 그야말로 제행諸行은 무상無常한 것이요, 이와 같은 세상에 사는 우리 또한 흘러 변화하게끔 되어 있습니다. 그래서 행고行苦라 하는 것입니다.

이 팔고와 삼고를 겪지 않는 중생은 없습니다. 누구나가 이러한 고통을 받으며 살아야 합니다.

뿐만이 아닙니다. 세상살이에는 뜻하지 않은 고난도 많습니다. 흔히들 말하는 배고픔·목마름·추위·더위·물·불·칼·병란 등의 팔난八難이 그것입니다.

우리는 이러한 고난 자체를 싫어합니다. '나'에게만은 고난이 미치지 않기를 희망합니다.

하긴, 누가 병들고 늙고 죽기를 좋아하고, 사랑하는 이와 헤어지는 것을 즐기겠습니까? 누가 고고와 괴고와 행고에 빠지기를 원하겠으며, 뜻하지 않은 재난에 휘말리기를 좋아하겠습니까?

원하는 대로 얻고 어려움 없이 쉽게 살기를, 크게 누리지는 못할지라도 부족함 없이 만족하며 살기를 바라는 것은 인지상정人之常情입니다. 고난을 피할 수만 있다면 당연히 피해가야 합니다.

그러나 고난과 시련들은 끊임없이 찾아듭니다. 큰 바다의 파도처럼, 겨울철의 찬바람처럼 문득 우리를 찾아와서 방황하게 하고 온몸을 떨게 합니다. 우리가 피해가는 것보다 더 빨리 다가오고 앞질러 가서 고난을 던져주는 경우가 많습니다.

이렇기 때문에 갑자기 고난이 닥쳐왔을 때 준비가 되어 있지 않은 우리가 취할 수 있는 운신運身의 폭, 선택의 폭은 너무나 좁습니다.

과연 고난이 닥쳤을 때 우리는 어떻게 해야 할까요? 무엇보다 고난이 '나'에게만 찾아오는 것이 아니라는 것을 알고 찾아온 고난을 긍정하면서, 이제까지의 '고난 없기를' 바랐던 마음부터 바꾸어야 합니다.

"세상살이에 고난 없기를 바라지 말라."
「보왕삼매론」의 이 말씀이 바로 고난 극복의 첫걸음인 것입니다.

실로 고난 극복의 핵심은 '고난을 어떻게 대처하느냐'에 있습니다. 고난이 찾아들면 고난을 긍정하는 자세부터 가져야 합니다. 원망도 하지 말고 남의 탓도 하지 말고, 업을 녹이는 자세로 정성껏 임해야 합니다.

그런데 세상살이에 있어 더 큰 문제는 고난이 아닙니다. 오히려 '고난 없음'이 더 큰 병을 낳습니다. 그 병이 무엇입니까? 「보왕삼매론」은 이렇게 말합니다.

"세상살이에 고난이 없으면 반드시 교만과 뽐내는 마음이 생긴다."

실로 대부분의 사람들은 이 사바세계에서 고난 없이 어려움 없이, 쉽고 행복하고 편하게만 살아가려고 합니다. 심지어는 '나만 행복하고 내 가족만 행복하면 된다'는 사람까지 허다합니다. 그들은 나와 내 가족의 행복을 위해 탐하고 빼앗고 속이고 싸우고, 심지어는 목숨까지 겁니다.

그렇게 하여 부자가 되고 권력과 명예를 얻고 나면 한없는 교만에 빠집니다. 그리고 진정한 인격이 형성되지 않았기에 호화주택에 비싼 차, 비싼 옷으로 자신을 치장하고 나타내려고 합니다. 그야말로 교만과 사치와 자랑으로 자신을 무장하는 것입니다.

뿐만이 아닙니다. 교만으로 자신을 무장하고 나면 남에게 지고는 못 삽니다. 자신이 남보다 못한 것을 견딜 수 없어 하기 때문에, 나보다 강한 이를 만나면 속이고, 나보다 못한 이를 만나면 억압을 하는 것입니다.

이렇게 교만 속에서 나쁜 업만 쌓고 살아가면 결과가 어떻게 되겠습니까? 그야말로 비방을 받는 외톨이가 되어버립니다.

정녕 대인관계에 있어 교만한 이를 누가 좋아합니까? 자기 자랑만 늘어놓는 이를 누가 좋아합니까? 교만과 자랑은 자기 고립과 멸망의 첫걸음일 뿐이며, 마침내는 자신을 파멸시킵니다.

'내가 잘났다'는 교만. 제 잘난 맛에 사는 교만.

그러나 곰곰이 생각해 보십시오. 진정 나의 잘난 면이 무엇입니까? 인물이 좋다고, 권력이 있다고, 돈이 많다고, 학식이 있다고 잘난 것입니까?

육체와 정신으로 구성된 '나'는 끊임없이 변하다가 사라집니다. 그야말로 무상하고 허망하기 짝이 없는 존재가 나입니다. 그런데 인물이 잘났다고, 권력이 있다고, 돈이 많다고, 학식이 풍부하다고, 이 무상한 나를 대단한 것인 양 내세우고 있으면 어떻게 되겠습니까?

복이 나갑니다. 나를 지켜주던 선신善神이 떠나갑니다. 마魔가 들어오고 나쁜 일들이 찾아듭니다. 이렇게 되면 약간의 고난만 찾아와도 견디지를 못합니다. 자연 번뇌에 휩싸이게 되고, 몸과 마음 모두가 힘들어집니다.

물은 높은 데서 아래로 흘러갑니다. 곡식은 익을수록 고개를 숙입니다. 나는 잘났고 너는 별것 아니라는 교만심이 무너질 때 거짓이 없는 진실한 도가 저절로 나타나게 되며, 교만을 다스리는 하심下心을 할 때 만 가지 복이 스스로 찾아들게 된다는 것을!

대부분의 사람들은 고난이 닥치면 자신을 돌아보기에 앞서, 운명을 탓하고 재수를 탓하고 남의 탓을 합니다. 그러나 모든 고난은 내가 만들고 '나'에게서 비롯된 것일 뿐입니다. 내가 짓고 내가 받는 것일 뿐입니다. 모두가 나의 한 탓이요, 앞으로도 내가 할 탓일 뿐입니다.

그러므로 스스로를 돌아보고 반성하여 자기 허물을 참회하고, 자기 마음속에 흐르고 있는 잘못의 근원을 찾아 고쳐 나가야 합니다.

이제 우리에게 남은 과제는 닥쳐온 고난을 통하여 새롭게 깨어나는 것입니다. 고난을 통하여 향상의 길을 걷고, 고난을 통하여 해탈의 세계로 나아가는 것입니다.

"환난으로써 해탈을 삼으라."

환난患難은 근심과 고난입니다. 근심과 고난이 생기면 이것을 디딤돌로 삼아 해탈의 길로 나아가라는 가르침입니다. 이 가르침을 잘 명심하여 사바세계를 살아가면 사바가 싫지 않은 세상으로 바뀝니다.

실로 고난과 근심으로 가득한 사바! 그러나 우리는 이러한 세계에 살고 있기 때문에 해탈의 경지로 오히려 쉽게 접근할 수 있습니다. 고난과 근심의 결박을 분명히 느낄 수 있는 사바세계이기에 해탈과 깨달음을 갈구하는 것입니다.

잊지 마십시오. 근심걱정과 고난이 찾아드는 그 시절이 향상의 시기입니다.

그러므로 고난을 두려워하지 마십시오. 고난이 바로

해탈의 원동력입니다.

행복을 얻기에만 사로잡혀 있는 사람들은 고난이 다가오면 쉽게도 '불행하다' 생각하고, 불행한 감정 속으로 빠져들어 갑니다. 하지만 불행한 감정에 빨려 들어가면 안 됩니다. '불행하다' 생각해서도 안 됩니다.

고난이 찾아들면 고난을 적극적으로 받아들여서 고난의 원인을 살피고, 참회하고 하심下心하며 '나'를 일깨우는 공부를 시작하십시오. 교만을 버리고 하심을 하면 어느 곳에서나 배울 것이 있습니다. 기억할 수 있는 잘못이든 기억 못 하는 잘못이든 무조건 참회를 하면, 나의 불성이 나에게 많은 것을 가르쳐줍니다.

기도·염불·참선·주력·독경·사경! '나'를 일깨우고 삼매를 이루는 공부라면 그 무엇이라도 좋습니다. 고난을 발판 삼아 한 가지를 택하여 꾸준히 닦아 가면, 거울 위의 티끌이 차츰 사라져 일체의 고난을 해탈할 수 있게 되고, 마침내는 참된 나의 모습을 또렷이 볼 수 있는 깨달음의 자리로 올라가게 됩니다. 부디 그날까지 꾸준히 정진하며 힘차게 살아가시기 바랍니다.

3. 마음공부와 장애

마음공부에 장애 없기를 바라지 말라. 마음공부에
장애가 없으면 배움이 등급을 뛰어넘게 되나니, 그러므
로 대성인이 '장애 속을 자유로이 거닐어라' 하셨느니라.

究心不求無障 心無障則 所學躐等 是故大聖化人 以障
礙爲逍遙

　원문의 구심究心은 '마음을 궁구窮究하다', '마음을 끝
까지 연구하다'로 풀이할 수 있으므로, 여기에서는 '마
음공부'라는 단어로 통일하여 이야기하겠습니다.

　마음! 불교에서는, "한마음 미迷하면 중생이요 한마
음 깨치면〔覺〕 부처"임을 강조합니다. 또한 불교의 모든
공부는 하나같이 마음공부로 모아집니다. 염불·참선·
기도·독경·사경 등이 모두 '나'의 참된 마음을 개발하
기 위한 공부라는 것입니다.

이 공부는 기술을 익히는 공부도, 지식을 습득하는 공부도, 자격증을 주는 공부도 아닙니다. 오직 '나'의 마음을 다스려 최상의 행복을 이루는 공부입니다.

이 마음공부는 결코 쉽지가 않습니다. 항상 함께하면서도 보이지도 들리지도 느껴지지도 않는 것이 마음이기에, 마음공부는 쉬운 듯하면서도 쉽게 이루어지지가 않습니다.

더욱이 이 마음공부는 겉모습이 아니라 내면을 돌아보는 공부입니다. 밖에 있는 보배가 아니라 안에 있는 보배를 찾는 공부입니다. 곧 마음공부는 '근원으로 돌아가는 공부'입니다. 번뇌 이전, 고난 이전, 업장 이전으로 돌아가는 공부입니다.

근원으로 돌아가면 마음이 편안해지고, 마음이 편안하면 삶이 편안해지고, 삶이 편안하면 주위가 편안해지고, 마침내는 일체가 편안해집니다. 그야말로 장애 없고 걸림 없이, 편안함과 행복함과 자유와 청정을 누리며 잘 살기 위해 마음공부를 하는 것입니다.

정녕 잘 살고 싶으면, 참된 향상의 길을 걷고 싶으면 마음공부를 해야 합니다. 모든 보배로움이 완벽하게 갖추어진 진정한 행복 속에서 살고자 한다면, 자신의 마음자리를 찾는 마음공부를 해야 합니다.

아마 마음공부를 하는 이들 가운데 장애를 좋아하는 이는 없을 것입니다. 장애만 없으면 참으로 할 만한 것이 마음공부이기 때문입니다. 그런데 「보왕삼매론」에서는 반대로 설하고 있습니다.

"마음공부에 장애 없기를 바라지 말라."

왜 장애 없기를 바라지 말라고 하였는가?

마음공부에는 장애가 따르기 마련이라는 것을 먼저 알게 되면 미리 대비를 할 수가 있습니다. 그리고 공부를 하다가도 장애가 발생할 때 능히 극복을 할 수 있습니다. 그러나 장애가 없을 것이라고 기대하였다가 장애를 만나면 대처는커녕 걷잡을 수 없이 휘말리게 되고, 마침내는 도중하차를 하지 않을 수 없습니다.

그런데 「보왕삼매론」에서는 이와 같은 상식적인 이유를 넘어선, 보다 깊은 까닭을 밝히고 있습니다.

"마음공부에 장애가 없으면 배움이 등급을 뛰어넘게 된다."

실로 마음공부는 한 단계 한 단계씩 밟고 올라가야 합니다. 경전을 공부하는 경우는 말할 것도 없고, 단박에 깨닫는다는 뜻의 '돈오頓悟'를 표방하는 참선 공부에 있어서도 여러 가지 경지가 있기 마련입니다.

처음에는 산이 산으로 보이고 물이 물로 보이다가, 공부가 익으면 산이 산이 아니요 물이 물이 아닌 경지에 이르며, 완전히 익으면 다시 산은 산이요 물은 물인 자리에 이른다고 합니다.

염불 또한 열 가지 염불 수행 단계를 두어 마침내 염불삼매를 증득하도록 지도하고 있습니다. 그런데 스스로의 얕은 경지에 도취되어 '도를 얻었다'고 하면 어떻게 되겠습니까?

깨닫지 못하였으면서 깨달았다고 하면 대망어大妄語를 범한 것이 되며, 그는 이미 부처님의 제자가 아닙니다.

모름지기 공부를 하는 사람은 스스로가 이룬 공부의 경지에 대해 담백해야 합니다. 담담하고 순수하여야 맑고 밝은 마음자리로 한 걸음 한 걸음 돌아갈 수 있습니다.

그런데 스스로를 뽐내기 위해 깨달았다고 하거나, 명리를 도모하기 위해 사람들을 시켜 '나'의 미덕을 선전한다면 어떻게 되겠습니까? '나'도 돌이킬 수 없는 과보를 받고 남도 미혹 속에 빠뜨리게 됩니다.

그리고 장애가 없으면 오히려 도가 쉽게 익지를 않습니다. 장애를 잘 파악하면 장애가 '나'의 마음공부를 돕게 되고, 장애를 잘 활용하면 훨씬 탄탄한 깨달음을 이룰 수 있게 됩니다. 그래서 「보왕삼매론」에서는 설하고 있습니다.

"장애 속을 자유로이 거닐어라."

부디 이 귀한 말씀을 스스로의 마음자리를 찾는 주춧돌로 삼아, 참된 깨달음의 길로 나아가시기 바랍니다.

4. 불자의 서원과 마

수행하는 데 마魔 없기를 바라지 말라. 수행하는 데 마가 없으면 서원이 견고해지지 못하나니, 그러므로 대성인이 '마로써 수행을 돕는 벗을 삼으라' 하셨느니라.

입 행 불 구 무 마　행 무 마 즉　서 원 불 견　시 고 대 성 화 인　이 군
立行不求無魔　行無魔卽　誓願不堅　是故大聖化人　以群
마 장 위 법 소 려
魔障爲法逍侶

원문의 행行은 참선·염불·기도 등의 불교 수행만이 아니라, 목표를 이루기 위한 모든 행을 다 포함시킬 수 있습니다. 곧 시험합격·승진·성공·출세·결혼 등, 이루고자 하는 모든 일들에 함께 적용시킬 수 있습니다.

마魔(māra)는 마구니·악마라고도 하며, 수행인의 몸과 마음을 산란하게 하여 해탈의 도를 얻지 못하게 방해하는 모든 형태의 장애를 총칭한 단어입니다.

곧 마를 한마디로 정의하면, '내가 어떻게 하겠다'고

정한 나의 결심을 흔들어버리는 또 다른 내 마음의 장난이 마군魔軍(마구니)이며, 우리를 그릇된 길로 나아가도록 만드는 번뇌의 뿌리인 탐심貪心과 진심瞋心(분노심) 등이 마왕인 것입니다.

마魔는 결코 남의 일이 아닙니다. 마왕의 지배를 받는 욕계, 곧 욕심의 세계에 살고 있는 존재들의 일이며, 우리가 욕심의 세계에 살고 있는 이상에는 마가 필연적으로 뒤따른다는 것을 「보왕삼매론」은 깨우쳐주고 있습니다.

"수행하는 데 마魔 없기를 바라지 말라. 수행하는 데 마가 없으면 서원이 견고해지지 못한다."

이 말씀은 마가 생겨남으로써 서원誓願을 견고하게 만든다는 뜻도 되지만, 굳건한 서원을 통하여 마를 이겨나가야 한다는 가르침을 담고 있습니다.

서원誓願! 서원은 맹세의 원입니다.

사람들에게는 많은 원願이 있으며, 그 원은 곧 '바라는 바'입니다. 바꾸어 말하면 자기의 목적을 성취하기 위해 스스로 수립하는 기본적인 결심이 원願인 것입니다.

이 원을 불교에서는 발원發願·서원誓願·행원行願·원력願力 등의 다양한 용어로 표현합니다.

'내가 어떻게 하겠다'는 결심을 스스로 발하는 것이기 때문에 '발원'이라 하고, 원을 세움과 동시에 어떠한 어려움이 있더라도 기필코 이루겠다는 맹세(誓)가 뒤따르기 때문에 '서원'이라 하며, 원을 성취하기 위해서는 반드시 실천행이 뒤따라야 하기 때문에 '행원'이라고 합니다.

또 내면적인 원은 결코 원으로 그쳐서는 안 됩니다. 원을 이룰 수 있는 힘이 뒷받침되어야 합니다. 이와 같이 원願과 힘(力)은 결코 분리될 수 없는 상관관계에 있는 것이기 때문에 '원력願力'이라고 한 것입니다.

일찍이 부처님께서는 서원誓願의 중요성을 강조하셨고, 모든 불자들이 꼭 서원할 것을 간곡히 당부하셨습니다. 왜 부처님께서는 불자들 스스로가 꼭 서원할 것을 당부하신 것일까요?

그 이유는 간단합니다. 서원이 없으면 흐르는 대로

살게 되고, 그저 흐르는 대로 인생을 살다 보면 방황을 하거나 마의 유혹에 빠져 타락의 길을 걷게 되는 경우가 많기 때문입니다.

그러나 서원을 굳건히 하면서 살게 되면 자기 계발과 자기 향상을 도모할 수 있을 뿐 아니라, 마의 유혹이 있을지라도 결코 그릇된 길로 나아가지 않게 됩니다.

그 누구라도 서원을 세워 거듭거듭 다짐하며 정진하면 힘을 모을 수 있게 되고, 힘이 모이면 마의 유혹이나 공포가 있을지라도 흔들리지 않게 됩니다.

그야말로 서원은 우리를 보다 힘차게 행복의 길로, 성공의 길로, 해탈의 길로 나아갈 수 있도록 만들어주는 수행의 원동력입니다.

무기력 속에 빠져들거나 바른 삶의 자세가 흩어질 때 제자리를 찾아주고, 뜻하지 않은 시련이 다가왔을 때 돌파구를 열어주는 것이 서원인 것입니다.

그러므로 정진하는 우리 불자들은 확고한 서원이 있어야 합니다. 오랜 세월 동안 문제를 일으켰던 그릇된 습관들을 고칠 수 있고, 고통의 씨앗이 된 이기심이라는 마를 능히 극복할 수 있는 서원을 세워야 합니다. 능히 우리의 업을 녹일 수 있고, 우리에게 자유와 행복과 평화를 안겨줄 수 있는 서원을 품어야 합니다.

만일 지금의 '나'가 마의 유혹이나 인생의 시련 속에 처하여 방황을 하고 있거나 무기력한 상태에 빠져 있다면, 또 다른 정진의 발걸음을 옮기기 전에 삶의 나침반이 될 수 있는 원願부터 다시 세워야 합니다. 나아가 그 원에 스스로의 맹세를 담아 서원으로 만들어야 합니다.

결코 불보살님께 매달리는 원만을 세우는 것으로 그쳐서는 안 됩니다. 나 스스로가 '어떻게 하겠다'는 맹세의 원을 발하여야 합니다.

부디 서원誓願을 발하십시오. 삶과 수행의 나침반이 될 수 있는 서원을 가지십시오. 서원이 없으면 올바로 수행할 수가 없고 올바른 성취를 기대할 수 없습니다.

원을 세웁시다. 향상의 길로 나아가는 서원을 세웁시다. 그 서원이 힘을 얻게 되면 원력이 되고, 원력으로 수행정진하면 마가 저절로 극복되어, 목표에 도달하는 것이 그리 멀지 않게 됩니다.

잊지 마십시오. 우리가 두려워할 것은 마魔가 아닙니다. 바로 우리의 수행과 삶의 자세입니다. 자세만 바르면 마는 오랫동안 벗이 되려 하지 않습니다. 그리고 우리에게 어떠한 해도 끼치지 않습니다.

오히려 뿌리 없이 일어나는 번뇌망상과 고비고비에 모습을 나타내는 각종 마들이 우리를 굴레를 뛰어넘은 해탈대도인 출격대장부出格大丈夫로 만들어 줍니다. 그리고 이것이 「보왕삼매론」의 결론입니다.

"그러므로 대성인이 '마로써 수행을 돕는 벗을 삼으라' 하셨느니라."

부디 이 법문을 깊이 새기셔서 잘 살고 잘 수행하고 잘 정진하시기를 축원하고 또 축원 드립니다.

5. 쉽게 되기를 바라는가

일을 꾀하되 쉽게 되기를 바라지 말라. 일이 쉽게 이루어지면 뜻이 가볍고 교만해지나니, 그러므로 대성인이 '일의 어려움을 안락으로 삼으라' 하셨느니라.

모 사 불 구 이 성　 사 이 성 즉　 지 성 경 만　 시 고 대 성 화 인　 이 사
謀事不求易成　事易成則　志成輕慢　是故大聖化人　以事
난 위 안 락
難爲安樂

"아난아, 이 세상에는 네 종류의 말이 있다. 가장 훌륭한 양마良馬는 채찍을 휘두르는 그림자만 보아도 똑바로 내닫고, 두 번째의 말은 채찍이 털끝을 스칠 때 달리며, 세 번째 말은 몸에 채찍이 떨어져 아픔을 느껴야만 달린다. 마지막 네 번째 말은 노마駑馬라, 아픔이 골수에 사무치도록 모질게 때려야 달리느니라."

-보적경 제37

이 말들 가운데 '나는 과연 어떠한 말이었으면' 합니까? 물론 가장 훌륭한 양마일 것이고, 양마가 되지 못하면 두 번째 말이라도 되고 싶어 합니다. 이것이 '나'를 지극히 사랑하는 우리의 당연한 바람일 것입니다.

자기가 하는 일의 성취 또한 마찬가지입니다. 양마처럼 거침없이 내달리고 싶어 합니다. 잘 달려, 누구보다도 빨리 결승점에 도달하고 싶어 합니다. 잘하고 싶고, 꼭 성취되기를 바랍니다. 그야말로 쉽게 잘할 수 있기를 바랍니다.

그러나 어떻습니까? 하는 일이 생각처럼 잘 진행이 되던가요? 쉽게 잘 이루어지던가요? 아닐 것입니다. 대부분의 사람은 어렵고 어렵게 살아갑니다. 힘들고 힘들게 일을 진척시킵니다.

그런데도 매스컴의 시대에 살고 있는 우리는 입지전立志傳을 펴낼 만큼 크게 성공한 사람이나 벼락출세를 한 사람처럼 되기를 기대합니다. '내가 그 사람처럼 성공하지 못할 까닭도, 일을 성취하지 못할 까닭도 없다'는 것입니다.

물론 이와 같은 용맹심勇猛心은 필요합니다. 이와 같

은 자신감은 가져야 합니다. 하지만 어떻습니까? 막상 시작해 보면 처음부터 막힙니다. 생각과 현실이 다르다는 것을 느낍니다. '나의 욕심이 앞섰다'는 것을 깨닫게 됩니다.

그렇다고 하여 일단 시작한 일에서 쉽게 발을 뺄 수 있는 것도 아닙니다. 내가 할 만하다고 믿었던 것을 포기하기가 아쉽고, 이제까지 투자한 것이 아까워서라도 물러서지를 못합니다. '조금만 더, 조금만 더' 하면서 갖은 고생을 다 합니다. 그리고는 경쟁의 대열에 뛰어들어 '빨리빨리'를 외칩니다.

인간의 기본 틀도 잊고 성공에 대한 집착과 일에 묻혀 허겁지겁 살아가는 우리들의 삶….

정녕, 일에 파묻혀 살아가고 있는 우리의 모습은 어떠합니까? 일에 대한 의미를 상실한 채, 돈과 성공과 일의 노예가 되어 정신없이 살아가지는 않습니까?

오늘날과 같은 경쟁 사회에 살다 보면 일이 보람과 기쁨을 가져다주는 것이 아니라, 고통과 슬픔으로 다가서는 때가 너무나 많습니다.

그런데도 우리는 삶의 방식을 바꾸고 일의 방식을 바꿀 생각을 쉽게 하지 않습니다. 자꾸만 자꾸만 현실과 타협하면서 생존을 위해 허겁지겁 살다가, 어느덧 백발을 맞이하고 마침내는 한 생을 마감합니다.

이러한 삶이 잘 살다가 가는 삶일까요? 업을 녹이며 사는 삶일까요? 스스로의 진실을 체험하며 사는 삶일까요? 향상의 삶일까요?

아니라는 것을 우리 스스로는 잘 알고 있습니다.

실로 생존만을 위한 일은 한없이 슬플 뿐입니다. 향상이 없는 일은 고달프기 짝이 없습니다. 의미를 상실한 삶은 참담하기 그지없습니다.

그럼 어떻게 해야 하는가?

'일을 꾀하되 쉽게 되기를 바라지 말라.'

이 「보왕삼매론」의 가르침처럼, 쉽게 이루고자 하는 마음가짐을 바꾸고 기초부터 다시 다져야 합니다.

결코 평생의 업으로 삼을 일은 '남이 하니까 나도 한다'는 식으로 하면 안 됩니다. 내가 가장 잘할 수 있는 일을 하여야 합니다.

그리고 잘할 수 있을 것 같고, 쉬울 것 같고, 맞을 것 같고, 돈을 많이 벌 수 있을 것 같다는 생각으로 '덜컹' 하여서는 안 됩니다.

즉흥적으로 '지금 ~할 것 같다'는 생각으로 일을 벌여서는 안 됩니다. 그야말로 쉽게 이루고자 할 때 쉽게 망하기 때문입니다.

법계法界의 원리! 우리가 살고 있는 이 법계는 노력한 만큼 이루게끔 되어 있습니다. 그리고 꾸준히 계속하여 힘이 쌓이고 쌓이면 저절로 성취되게끔 되어 있습니다. 한마디로 '할 만큼 하고, 한 만큼 되게 되어 있는' 세계입니다.

그런데도 '나는 쉽게 이루겠다'고 해보십시오. 그것은 공연한 욕심일 뿐입니다. 공부든 사업이든 일이든, 많이 할 수 있고 그냥 잘되는 것이 아닙니다. 할 만큼 할 수 있고 될 만큼 될 뿐입니다.

할 만큼하고 될 만큼 되는 것! 바로 이것이 인과의 법칙입니다. 그러므로 사업을 하든, 직장에서 일을 하든, 불사를 하든, 일단 주어졌고 신중하게 선택을 한 일이라면 정성을 다해 그냥그냥 차근차근 쌓아가야 합니다.

결코 쉽게 빨리하겠다는 욕심으로 이제까지 쌓아온 것을 흔들지 마십시오. 스스로를 채찍질하면서 착실히 부지런히 해나가다 보면, 점점 향상의 길이 열리고 성취할 수 있게 됩니다.

그리고 새로운 일, 새로운 직장, 새로운 사업, 새로운 공부 등은 시절인연時節因緣이 무르익으면 저절로 찾아듭니다.

그런데 사업이나 직장을 때가 되지 않았는데도 자꾸만 옮기는 이들이 있습니다. 때가 되어 옮기면 저절로 잘 될 텐데, 흔들리는 마음 따라 직장을 옮기고 사업을 바꾸다 보면 점차 자신의 가치가 떨어지고 가진 돈마저 모두 다 탕진하게 되는 경우가 많습니다.

이러한 경우에 불교에서는 '시절인연'을 강조합니다. 시절인연을 기다리라고 합니다.

곧 사업을 잘하고 있다가도, '이제는 이것이 아니라 저것이야' 하는 분명한 확신이 설 때가 옵니다. 그때가 새로운 사업을 전개시킬 시절입니다. 내가 그 일을 찾아가는 것이 아니라, 때가 되면 그 일이 저절로 나를 찾아오고 스스로 다가오는 것입니다.

만약 그렇지 않다면 지금의 사업, 지금의 직장, 지금의 생활에 한결같이 매진해야 합니다.

'보다 쉽게 해보았으면' 한다고 쉽게 되지 않습니다. 공연히 '이게 좋지 않을까? 저게 좋지 않을까?' 하는 분별심을 일으켜 지금의 자리를 흔들지 마십시오. 일부러 변화시키려고 하지 마십시오. 그것이 바로 망상이요, '나' 속의 마구니이니, 절대로 속지 말아야 합니다.

물론 간혹은 주위를 둘러보면 큰 노력 없이 쉽게 일을 성취하는 이들도 있습니다. 전생에 쌓아놓은 복이나 원력 덕분에….

하지만 쉽게 된다고 하여 기뻐할 일은 아닙니다. 세상에서 쉽게 되는 일은 복을 까먹는 일 하나밖에 없습니다.

쌓았던 복을 까먹고 살 그때는 정말 편안합니다. 그 복 덕분에 쉽게 이룰 수가 있습니다. 그러나 일이 쉽게 이루어지면 인생을 진중하게 살고자 하지 않습니다. 곧, 정신적인 자세를 크게 그르치게 되는데, 「보왕삼매론」에서는 이를 매우 경계하고 있습니다.

"일이 쉽게 이루어지면 뜻이 가볍고 교만해진다."

실로 우리들 주변에는 잘되면 교만해지고 안하무인격이 되는 사람이 종종 있습니다. 이들은 자기만족, 자기 과시에 빠져 성실을 잃어갑니다. 쉽게 이루기 때문에 노력하지 않습니다. 특히 '교만한 마음으로 스스로를 자랑하고 자기를 내세우기 위해 남을 헐뜯는 자찬훼타自讚毀他'를 범하게 되면, 그 자체만으로도 크나큰 업이 되는 것입니다.

교만은 우리의 인생을 착각 속에 빠뜨립니다. 착각은 나와 남을 함께 살리는 참된 도가 될 수 없을뿐더러, 자신의 삶을 망치는 일을 불러들입니다.

더욱이 남을 헐뜯고 나쁜 구렁텅이에 몰아넣으면서까지 자신을 찬탄하는 경솔한 교만을 부리게 되면, 나와 남을 함께 죽이는 최악의 업을 짓게 됩니다.

정녕 쌓아 놓았던 복을 다 까먹고 나면 돌아오는 것

이 무엇입니까? 화禍입니다. 불행입니다. 고통입니다.

어떠한 일을 하고 있든, 이 순간의 마음을 잘 써야 합니다. 죽임이 아니라 살리는 마음가짐, 타락이 아니라 향상의 마음가짐을 가져야 합니다. 어떠한 경우에 처하더라도 마음을 잘 가져 살리는 길로, 향상의 길로 나아가도록 해야 합니다.

정녕 일이 잘 성취되면 누구의 것이 됩니까? 또 그 행복을 누리는 자는 누구입니까? 물론 '나'입니다. 그러므로 지금 이 자리에서의 '나'가 잘해야 하는 것입니다.

그렇다면 과연 어떻게 일을 하는 것이 잘하는 것인가? 「보왕삼매론」은 다음과 같이 가르치고 있습니다.

"일의 어려움을 안락으로 삼으라."

모름지기 어려운 일을 잘 성취하려면 팔정도의 정념正念과 정정正定을 지녀야 합니다.

바른 신념〔정념正念〕 속에서 집중을 잘하면서 일을 하면 차츰 복덕이 쌓이고 한없이 평안해지는데, 이 경지가 바로 팔정도의 마지막인 정정正定입니다.

이 정정의 자리에 이르면 참으로 평화로운 마음으로 일을 할 수 있습니다. 안락安樂! 평온한 즐거움. 불교적으로 이야기하면 법열法悅 속에서 살 수 있게 됩니다. 이러한 때가 되면 하는 일마다 성취하지 못할 일이 어디 있겠습니까?

결코 일을 쉽게 이루고자 하지 마십시오. 어떠한 일이든 인연 속에서 할 만큼 하고 될 만큼 됩니다. 이것이 중도中道입니다.

이것을 명심하고 일을 하면 우리의 하는 일은 언제나 향상向上과 연결되며, 그 일 속에서 경력이 쌓이면 그릇된 업이 녹고 복덕이 쌓입니다. 그리고는 마침내 평온한 즐거움, 곧 안락을 누리게 됩니다.

그날까지, 적어도 한 경지를 이룰 그때까지, 교만을 떠난 둔마가 되어, 참고 지키고 베풀면서 잘 정진하시기를 당부드리고 또 축원 드립니다.

6. 서로를 살리는 정을 나누며

정을 나누되 나에게 이롭기를 바라지 말라. 나의 이익을 바라며 정을 나누면 도의를 잃게 되나니, 그러므로 대성인이 '순결로써 밑거름을 삼으라' 하셨느니라.

^{교 정 불 구 익 성　정 익 아 즉　휴 실 도 의　시 고 대 성 화 인　이 폐}
交情不求益成　情益我則　虧失道義　是故大聖化人　以弊
^{교 위 자 량}
交爲資糧

인정 많은 우리나라! 오늘날은 이 땅의 인정人情이 상당히 희박해졌지만, 수십 년 전까지만 하여도 인정이 흘러넘쳤습니다.

이 땅의 사람들은 부모·자식·부부·형제·친척들 사이에서만이 아니라, 친구나 이웃과도 인정을 나누며 살았고, 모르는 사람일지라도 어려움에 처하는 것을 보면 인정을 발휘하기를 주저하지 않았습니다. 우리 한민족은 참으로 의리 있고 인정이 많은 민족이었습니다.

하지만 오늘날은 많이도 변했습니다. 물질문명과 물질 만능의 사고방식이 생활화된 탓인지, 핵가족화로 서로 의지하는 인간관계가 좁아진 탓인지, 인정은 차츰 메말라가고 정情의 폭도 더욱 좁아지고 있습니다.

참으로 이것이 문제입니다. 정情이 문제가 아니라, 정이 메말라가고 정의 폭이 좁아지는 것이 문제입니다. 갈수록 이기적이 되면서 '나'의 집안, '나'의 굴레만을 감싸 안는 것이 문제입니다.

우리는 유정물有情物입니다. 특히 불교에서는 우리들 중생을 일러 '유정有情'이라고 합니다. 돌이나 흙과 같은 무정물無情物이 아니라, 원래부터 정이 있는 존재요 정을 나누며 살아야 하는 존재가 '우리'라는 것입니다.

그렇다면 정情이 무엇입니까? 정은 마음의 근원에서 우러나오는 사랑입니다. 새롭게 돋아나는 푸른 싹과 같은 사랑이 정입니다. '정情'이라는 글자 그대로, '푸른〔青〕 마음〔忄=心〕', 맑은 마음으로 나누는 사랑입니다.

곧 정을 나눔은 사랑을 나누는 것이며, '정이 풍부하다'는 말은 사랑이 풍부하다는 말이 됩니다. 그러므로 여기에서는 '정'이라는 단어와 함께 모든 사람들이 참으로 좋아하는 '사랑'이라는 단어를 많이 쓰면서 글을 엮고자 합니다. 「보왕삼매론」은 이 정에 대해 다음과 같이 시작합니다.

"정을 나누되 나에게 이롭기를 바라지 말라."

이는 '나'의 이익을 바라는 마음 없이 정을 나누라는 말씀입니다. '나'의 이익을 바라는 마음. 그것은 곧 이기심이며, 그와 같은 이기심을 버리고 순수하게 정을 나누라는 것입니다.

인간의 근본 성품 가운데 하나인 정은 참으로 소중한 것입니다. 순수한 정으로 서로가 서로를 아끼고 가꾸고 좋아하며 살아 보십시오. 이 정이 서로를 살려내고, 뭇 사람들을 감동시킵니다.

이기심을 버리고 서로를 위하는 정을 나누며 살면 마음이 얼마나 흐뭇하고 평화롭고 좋겠습니까? 그러나 세상살이란 꼭 그러한 것만이 아닙니다. 이 정에 이기심이 붙어 잘못 흐를 때는 큰 문제를 야기합니다.

"나의 이익을 바라며 정을 나누면 도의를 잃게 된다."

「보왕삼매론」의 말씀처럼 정을 나눔이 이기적으로 흐르고 욕심 따라 흐를 때는 먼저 도의道義부터 잃게 됩니다. 도의가 무엇입니까? 도의는 사람이 응당 행하여야 할 도덕상의 의리이며, 이 의리는 당연히 지켜져야 합니다.

　이제 스스로를 되돌아보십시오. 우리의 정과 사랑에 이기심이 어느 정도로 작용하고 있는지를?

　사실 우리는 가족 관계가 아닌 다른 사람들과 정을 나누거나 사랑을 하기 전에, '저 사람이 나에게 맞는가 맞지 않는가'부터 먼저 살핍니다. 그리하여 '나에게 맞다' 싶으면 사랑의 감정을 일으킵니다.

　엄격히 말하면, 사랑은 '나에게 맞다'는 이기심으로 시작하게 되며, 시작을 이기심으로 하였기 때문에 이기적인 틀에서 벗어나기가 쉽지 않습니다.

　하지만 우리는 사랑과 정을 통하여 이기적인 틀을 벗어 버려야 합니다. 나의 교만, 나의 고집, 나의 애착, 나의 어리석음을 벗게 만드는 것으로 사랑보다 더 좋은 것이 없기 때문입니다.

　실로 사랑이 무엇이며 정이 무엇입니까? 왜 우리는

그토록 사랑을 좋아하고 정을 나누는 것을 좋아합니까? 바로 사랑이 서로를 살리는 것이기 때문입니다.

자리이타自利利他 자각각타自覺覺他! 나도 이롭고 남도 이롭게 하는 것이 사랑이요, 나도 깨어나고 남도 깨어나게 하는 것이 사랑이기 때문입니다.

일찍이 나는, '사랑은 살리는 것이요, 사랑이 아니면 할 일이 없다'고 생각하였습니다. 그래서 '서로를 살려가는 사랑을 하며 살겠다'는 원을 세웠으며, 지금도 그렇게 살기 위해 나름대로 노력하고 있습니다. 특히 가까운 이를 향한 무조건적인 참회를 잊지 않고 행합니다.

'잘못했습니다!' 누가 먼저 잘못했고 누가 감정을 상하게 했건, 무조건 '잘못했습니다'라고 하십시오. 겉으로 내뱉기가 마땅치 않을 때는 속으로 외치십시오.

'잘못했습니다. 제가 잘못했습니다.'라고….

그리고 상대를 믿고 따르고 찬탄하면서 행복을 기원해 보십시오.

사람과 사람의 만남, 그리고 그 사이에서 움트는 정과 사랑! 사실 이것은 직접 감지할 수 있는 이 생生의 인연보다는, 지금의 우리가 알 수도 볼 수도 없는 지난 생의 인연이 더 크게 작용합니다.

실로 정이나 사랑은 고유한 실체를 지닌 것이 아닙니다. 인연의 법칙 따라 움직일 뿐입니다. 그런데도 우리는 사랑과 정이라는 이름에 매달려 많은 기대를 합니다. 그 속에 빠져 편안해지고자 하고 기쁨을 느끼고자 합니다.

그러나 표면적인 사랑의 달콤함과는 달리 그 밑에 흐르고 있는 인연의 법칙은 너무나 냉엄합니다. 한 치의 오차도 없습니다. 오히려 사랑하고 깊은 정을 주고받는 사이라고 하여 함부로 하였다가는 예상 밖의 무서운 업보로 시달리게 됩니다.

그러므로 한 가지는 꼭 기억해야 합니다. 그것은 '사랑이라는 이름 속에 집착을 불어넣지 말라'는 것입니다. 상대를 '나'의 마음대로 움직이고자 하거나 '나'의 것으로 만들려고 해서는 안 됩니다. 사랑에 집착을 하고 상대를 '나'의 것으로 만들려고 하면 반드시 도의를 잃어 삿된 길로 빠져들게 됩니다. 그래서 「보왕삼매론」은 정과 사랑에 대해 다음과 같은 결론을 맺고 있습니다.

"순결로써 밑거름을 삼으라."

참으로 소중한 가르침이라 하지 않을 수 없습니다. 설혹 마음은 아프고 힘들지라도 사랑에 대한 집착, 정에 대한 기대는 놓아버려야 합니다. 집착 없는 순수한 마음, 순결한 마음으로 믿고 이해하고 긍정하면서 서로를 살리는 사랑을 하며 살아야 합니다.

그리고 문제가 생기면 정성껏 참회를 하면서 기다릴 줄 알아야 합니다. 집착을 참회로 바꾸고, 사랑의 근심을 상대에 대한 축원祝願으로 바꾸어 보십시오. 참회를 통하여 맺힌 업이 풀리면 저절로 사랑의 장애가 사라지고, 축원에 힘이 생기면 저절로 좋은 인연을 나누며 원만·성취·진실이 가득한 길로 나아가게 됩니다.

정! 그리고 사랑! 이 얼마나 좋은 단어입니까? 한번 속으로 외쳐 보십시오. '믿는다·이해한다·사랑한다'고.

부디 법에 맞게 사랑을 하여 서로가 서로를 살리는 사랑을 널리 실천하게 되기를 축원 드립니다.

7. 남이 순종하기를 바라는가

남이 내 뜻대로 순종해주기를 바라지 말라. 남이 내
뜻대로 순종하면 자긍심에 빠져드나니, 그러므로 대성
인이 '거역하는 이를 원림으로 삼으라' 하셨느니라.

於人不求順適 人順適則 内心自矜 是故大聖化人 以逆
人爲園林

「보왕삼매론」제7번째 가르침은 사랑하는 이를 포함
한 사람과 사람 사이의 관계를 어떻게 가져야 하는지에
초점을 맞추고 있습니다. 여기에서는 평범한 인간관계
보다는, 사랑하는 아들딸·배우자·연인·친구 등과의
관계를 중심에 두고 살펴보고자 합니다.

이 세상을 살아감에 있어 인간관계는 참으로 중요합
니다. 인간관계가 원만하여야 잘 살 수 있고 편히 살
수 있기 때문입니다. 그래서인지 대부분의 사람들은 원

만한 인간관계, 온전한 인간관계를 희구합니다.

그런데 사람들을 대하다 보면, 스스로가 원만하고 온전한 인간관계를 맺기 위해 노력하기보다는, '나'에게 잘해주고 편안하게 해줄 상대를 찾는 일에 몰두하고 있으며, 상대방을 통하여 불만족스럽고 불충분한 '나'를 채우고자 갈망한다는 것을 느낄 때가 있습니다.

이렇게 내가 바라던 사람, 마음에 맞는 사람을 만나면 처음에는 그지없이 좋습니다. 따스하고 즐겁고 편안하고 부드럽고 달콤합니다. '참으로 좋은 사람을 만났다'는 생각과 함께 행복감을 만끽합니다.

그러나 시간이 흐르면서 좋던 인간관계는 차츰 손상이 됩니다. 상대에 대한 '나'의 기대가 붕괴되면 갈등과 불만이 생겨나기 시작하고, 마침내는 말다툼을 하거나 증오심을 품은 채 갈라서기까지 합니다.

왜 이런 결과가 오는 것일까요? 사랑과 정을 나누며 서로를 살리고 좋은 관계를 유지하면 좋을 텐데, 왜 부정적인 인간관계로 끝나는 것일까요? 왜 즐겁고 행복했던 만큼이나 고통을 받고 괴로워하며 멀어지는 것일까요?

그것은 출발이 잘못되었기 때문입니다. 그 출발이 자존심과 이기심, 곧 에고ego에서 시작되었기 때문입니다.

결국 다시 외톨이가 된 나는 끊임없는 망상과 공상에 빠져들면서, 더욱 두렵고 더욱 불안한 존재로 전락합니다. 그리고 한동안을 괴로움 속에서 지내다가, 또 다시 나를 충족시켜주고 나를 이해해주는 사람을 찾는 여행을 떠납니다.

왜? 나쁜 사람이면 몰라도, 분명히 나쁘지 않은 사람인데도 만족할 수가 없고 마음 아파하며 돌아서는 까닭이 무엇일까요?

그 원인은 '나'의 이기적인 충동력 때문입니다. 이기적인 충동력으로 인간관계를 형성한 다음, 나에게 맞기를, 나에게 순종하기를, 나를 거스르지 않기를 바라기 때문입니다.

곧 대부분의 인간관계는 '나'의 부족을 충족시키겠다는 이기적인 충동력으로 상대를 끌어당기는 것이요, 끌어당긴 다음에 '나'의 뜻대로 하고자 하니 어떻게 좋은 결과가 돌아오겠습니까?

이기적인 충동력! 이 충동력을 불교에서는 무명업력

無明業力이라고 합니다. '어두운 업業의 충동력'이라는 뜻입니다. 무명업력으로 시작된 인간관계는 끝없는 집착과 망상 속에서 갖가지 사건을 일으키다가, 마침내는 관계의 소멸로 끝을 맺습니다. 또다시 어두운 업만을 남긴 채….

그럼 어떻게 하여야 서로가 서로를 살리는 인간관계를 유지할 수 있는가? 방법은 매우 간단합니다. 마음을 바꾸면 됩니다. 서로가 '나'의 이기적인 자세를 버리고 상대를 위해 좋은 연緣(밭)이 되고자 하면 됩니다. 남이 나의 뜻대로 움직여주기를 바라거나 순종하기를 바라지 않으면 됩니다. 그래서 「보왕삼매론」은 설합니다.

"남이 내 뜻대로 순종해주기를 바라지 말라."

이것을 누가 모릅니까? 그런데 왜 이 말씀을 하셨는가? 다음과 같은 결과가 나타나기 때문입니다.

"남이 내 뜻대로 순종하면 자긍심에 빠져든다."

「보왕삼매론」의 이 말씀은, 사람들이 나에게 맞추어주고 순종하기만 할 뿐 거역하지 않으면, 마음속으로 자신을 뽐내는 자긍심만 자라나게 되고, 스스로를 자랑하는 자긍심이 강해지면 '내가 옳고 내가 최고'라는 나쁜 집착이 생겨난다는 것을 깨우쳐주고 있습니다.

실로 요즘 부모들이 자식 키우는 것을 살펴보면 심히 걱정이 될 때가 있습니다.

좋은 옷에 좋은 음식에 좋은 장난감에, 자신의 아들 딸들이 원하는 것이면 무엇이든 해주고 내 아이만 열심히 챙기는 일부 부모들, 일류의 삶을 성취시키기 위해 갖은 뒷바라지를 하는 부모들….

그러한 부모 밑에서 자란 아이들이 커서 제 욕심에, 제 고집에, 제 이기심에 빠진 채로 어떻게 험난한 세상을 잘 살아갈 수 있겠습니까? 자기 사랑의 장벽에 갇혀 얼마나 힘들고 두렵고 불안하게 지내게 될까요?

매일매일 자기 자식만 최고로 가꾸고자 하고, 자식이 원하는 대로 해주지 못해 안달을 하는 부모 밑에서 자란 아이는 행복하게 살기가 어렵습니다. 이기적인 장벽에 갇혀 두렵고 불안하고 답답하게 살 수밖에 없습니다. 그리고 마침내는 부모도 자식도 모두 슬픔과 고통에 빠지는 결과를 맞이해야 합니다.

부처님께서는, 무엇이든지 아이가 원하는 대로 해주거나 이기적으로 키우게 되면 현세뿐만이 아니라 죽은 다음까지 함께 괴로움을 받게 된다고 하셨습니다.

잊지 마십시오. 사랑을 앞세워 그릇됨까지 감싸주면 결국은 서로에게 불행을 안겨줄 뿐입니다. 사랑하는 아들딸에게 불행한 앞날을 맞이하도록 할 것인가 행복한 미래를 선사할 것인가는 지금의 우리가 어떻게 하느냐에 달려 있습니다.

그럼 어떻게 우리들의 아이를 기를 것이며, 사랑하는 사람을 대할 것인가?

「보왕삼매론」에서는 '거역하는 사람을 원림園林으로 삼아' 인간관계를 승화시키라고 하였습니다.

원림園林! 시중에 유통되고 있는 번역본 「보왕삼매론」은 원림을 '동산과 숲'으로 풀이하고 있습니다.

원림은 원래 '휴식처'나 '과일이 있는 동산'을 뜻하였으나, 불교교단에서는 수행처를 원림이라 하였습니다. 찌는 듯이 더운 인도의 여름 날씨 속에서는 나무 그늘이 있는 동산이야말로 안거安居를 위한 가장 적합한 수행처였기 때문입니다.

"거역하는 이를 원림으로 삼으라."

우리는 부처님의 이 말씀을 깊이 명심하고 실천해야 합니다. 쉽지는 않겠지만 노력하고 또 노력해야 합니다.

만약 사랑하는 사람이 무명無明으로 '나'의 마음에 들지 않는 말을 하거나 그릇된 행위를 하더라도, 정면으로 민감하게 반응하지 말고 지혜로써 다정하게 감싸주십시오.

무명과 지혜는 공존할 수 없으므로, 지혜의 빛이 발현되면 무명은 곧 사라집니다. 천년의 어둠은 빛이 들어오면 한순간에 모두 사라지듯이….

그러나 상대의 무명에 정면으로 반응을 하면, '나' 또한 무명의 깊은 어둠에 휩싸이게 됩니다.

부디 무명의 인간관계 속에 빠져들지 마십시오. 실체가 없는 무명과 싸워서 어둠을 몰아내는 것이 수행이 아니라, 지혜의 빛으로 해탈을 이루는 것이 수행입니다.

이제 상대의 어둠과 싸우는 대신, 빛이 발현되도록 해야 합니다. 무명을 없앤다고 하면서 어두운 감정이나 슬픔을 쌓아서는 안 됩니다.

이기심을 비우고 열린 마음의 빛을 발현시키십시오.

업력이 인간관계를 어렵게 만들지라도 기꺼이 받아들이고, 쉽게 받아들여지지 않을 때는 참회를 통하여 기도를 통하여 그 업을 녹여야 합니다.

하지만 '어둠을 물리쳐 달라'는 기도는 하지 마십시오. 빛이 충만되기를 기도하십시오. 그리하여 마침내 이기적인 '나'가 아닌 참 '나'의 빛이 발현되면, 어디에서나 어느 때에나 행복하고 자유롭고 맑디맑은 인간관계를 형성할 수 있게 됩니다.

인간관계! 바로 이 속에 깨달음의 길이 있고 해탈의 길이 있으니, 인간관계를 원만하고 진실하게 승화시켜, 큰 깨달음을 이루고 대해탈을 성취하여 봅시다.

8. 베풀되 보답을 바람이 없이

덕을 베풀되 보답을 바라지 말라. 보답을 바라게 되면 도모하는 생각을 가지게 되나니, 그러므로 대성인이 '베푼 덕을 헌신짝처럼 버려라' 하셨느니라.

施德不求望報 德望報則 意有所圖 是故大聖化人 以施德爲棄肛

「보왕삼매론」제8번째 가르침은 덕을 베푸는〔施德〕 자세에 대한 것입니다. 이 시덕施德을 불교용어로 바꾸면 보시布施가 됩니다. 그러므로 여기서는 시덕과 보시라는 단어를 함께 쓰면서 풀이하겠습니다.

우리는 베풂을 받았을 때 어떻게 하며 살고 있습니까? 베풂을 받았으니 나도 베풀며 살겠다는 생각을 하고 있습니까? 가끔씩이라도 베풀어준 그 사람을 떠올리며 '복 받으소서'라는 축원을 해주고 있습니까?

혹, 도움받은 것을 당연하게 여기거나, 오히려 자존심의 문제라며 베푼 그 사람으로부터 멀어지려 하지는 않습니까?

그리고 우리가 베풀었을 때는 어떻게 하고 있습니까? 혹, '내가 누구에게 베푼' 그 선행을 다른 사람이 인정해주기를 기대할 것입니다. 또한 그 자랑스러운 베풂을 다른 이들에게 이야기하며 살 것입니다.

어찌 보면 이것은 너무나 당연한 행동인지도 모릅니다. 인정을 받고 싶고 자랑을 하고 싶은 것이 인간의 기본 속성이기 때문입니다.

그런데 불교에서는 무주상보시無住相布施를 강조합니다. '내가·누구에게·무엇을 주었다'는데 대해 집착을 하지 않고 머무르지 않는 무주상보시를 강조합니다.

내가 남에게 준 물질적·육체적·정신적인 것들에 대해 한 점의 걸림이나 감정이 없으면 무주상이 됩니다.

하지만 매일매일을 감정사건 속에서 살고 있는 평범한 사람들에게 이것이 어찌 쉬운 일이겠습니까? 특히 좋은 일을 하고 나서 자랑하고 싶은 감정을 억제하기는 매우 어렵습니다.

그러나 그러한 감정에 휩싸여 있는 동안에는 대행복이 다가서지를 않습니다. 조그마한 복은 다가올지언정, 대법계에 충만되어 있는 무량한 지혜와 자비와 평화와 해탈은 '나'의 것이 되지를 못합니다.

그래서 옛 스승들은 말씀하셨습니다.

"베푸는 사람이 감사를 해야 한다."

만약 우리 불자들이 감사하는 마음으로 베풀고, 은혜를 보답하는 마음으로 보시를 하면서 상대를 위해 축원까지 더한다면, 그 실천은 그냥 그대로 해탈행解脫行이 되고, 감정의 찌꺼기가 없는 무주상보시가 됩니다.

하지만 우리는 중생입니다. 상相이 많은 중생입니다. 번뇌가 많은 중생입니다. 뽐내기를 좋아하는 중생입니다. 준 만큼 받기를 바라는 중생입니다. 덕을 베풀면 보답을 바라게 되고, 그 이익을 계산하고, 베푼 것 이상의 명성이 되돌아오기를 기대하는 중생입니다.

만일 그렇지 않다면 중생이 아닌 보살의 경지에 올라선 분일 것입니다. 실로 중생이기에 젖어 들고, 중생이기에 빠져드는 어리석음! 그래서 「보왕삼매론」에서는 그 어리석음을 꾸짖고 있습니다.

"덕을 베풀되 보답을 바라지 말라. 베푼 덕에 대해 보답을 바라게 되면 도모하는 생각을 가지게 된다."

잘 생각을 해보십시오. 무엇이 베풂에 대한 어리석음입니까? 베푼 것에 대해 보답을 바라는 자체가 어리석음입니다. 보답을 바라면 거래가 될 뿐, 덕을 베푼 것이 아닙니다.

"내가 이렇게 해주었으니 너도 나에게 해주어야지."

가족이나 이성 교제 중인 사람, 가까운 친구를 향해 이렇게 요구를 한다면 어떻게 서로가 진정한 사랑을 나눌 수 있겠습니까? 그런데도 현대인들은 주저 없이 '베푸는 만큼'을 내세웁니다.

"내가 준 만큼 너도 줘."

"내가 사랑하는 만큼 나를 사랑해줘."

"네가 사랑하는 만큼 너를 사랑할 거야."

이를 바꾸어 말하면 '손해를 보지 않겠다'는 뜻이 밑바닥에 깔려 있습니다. 아니, 베푼 것 이상의 더 큰 이득을 바라고 있는 것입니다. 이렇게 될 때 결과가 어떻게 다가옵니까? 굳이 설명할 필요도 없을 것입니다.

오히려 우리는 잘 기억을 해야 합니다. 중생의 감정
이 참으로 무섭다는 것을! 내가 순수한 마음으로 임하
면 상대도 순수함으로 다가서지만, 내가 이기심을 발동
시키면 상대도 당연히 이기심을 뿜어냅니다.

사랑하는 사람들뿐만이 아닙니다. 이 사회 또한 호
락호락하지가 않습니다. 이 사회는 어떤 사람이 순수한
마음이나 소명의식召命意識이 아니라, 이익이나 명예를
얻기 위해 베풀었다는 것을 알았을 때, 그 사람을 향해
'위선자'라는 오명을 씌웁니다. 순간, 그 사람의 명예는
곤두박질을 칩니다. 자초지종이라며 이야기를 해본들,
변명일 뿐이라며 믿으려 하지도 않습니다.

또, 베풂을 지나치게 자랑하면 속으로 냉소를 보냅니다.

'흥, 그러면 그렇지. 네가 자랑하지 않고 좀이 쑤셔
어떻게 살아? 기껏해야 네 인격이 그런 것을…'

그런데 왜 잘 베풀어 놓고는 스스로의 어리석음을 대
변하듯 자랑을 늘어놓습니까? 왜 화려한 명예까지를
추구하고자 합니까? 그냥 스스로의 진실에 비추어 형
편 따라 능력 따라 베풀면 되고, 베풀면서 스스로의 진

실을 체험하면 될 것인데도….

　명심하십시오. 덕을 베풀면 반드시 복이 오게끔 되어
있습니다. 내가 베푼 덕의 과보는 절대로 다른 데로 가지
않습니다. 내가 베푼 덕은 고스란히 '나'에게로 옵니다.
　보시를 하였으면 보시를 한 마음가짐의 폭에 비례한
이자가 붙어 '나'에게로 돌아오고, 수행을 하였으면 수
행의 공덕이 '나'에게로 돌아오게 되어 있습니다.
　꼭 '나'에게로 돌아옵니다. 오지 말라고 하여도 오게
끔 되어 있습니다. 그것이 대우주법계의 법칙입니다.
　우리가 어떤 마음가짐으로 사느냐 하는 것은 참으로
중요합니다. 대가를 바라는 마음으로 베풀면 나중에 베
푼 복은 받되, 대가를 바란 그 과보도 받아야 합니다.
　그런데 순수한 마음으로 베풀면 베풂의 과보와 함께
대우주의 순수한 힘까지 '나'에게로 다가옵니다. 그 순
수한 힘이 무엇입니까? 대우주에 충만되어 있는 자비와
지혜와 행복과 해탈의 기운이요 빛인 것입니다.
　이처럼 순수한 마음과 티끌 낀 마음가짐의 과보는
하늘과 땅처럼 벌어지게 됩니다. 이것을 아는 불자이면

서 어떻게 보답을 바라는 보시, 자랑하는 보시, 명예를 지향하는 보시를 할 것입니까?

우리는 그냥, 상대의 입장이 되어 덕을 베풀면 됩니다. 순수한 마음으로 덕을 베풀고는 그 베푼 것을 잊으면 됩니다. 그렇게만 하면 대우주의 무량행복과 대자재·대해탈의 힘이 '나'와 하나가 되는 것입니다.

그래서 「보왕삼매론」은 설하고 있습니다.

"베푼 덕을 헌신짝처럼 버려라."

어떠한 보답도 바라지 않는 무아無我가 되어 무주상의 보시를 하라는 것입니다.

부디 좋은 일이라고 하여 지나친 욕심을 내지도 말고, 너무 잘하려고 집착하지도 마십시오. 그냥 보답을 바람이 없이 '나'에게 주어진 책임을 다하고 능력껏 베풀며 사십시오.

그렇게 살다 보면 어느 순간에 문득 무아임을 깨닫게 될 뿐 아니라, 대우주와 그대로 하나가 되고 무량복과 하나가 됩니다. 그날이 올 때까지 꾸준히 정진하시기를, 축원하고 또 축원 드립니다.

9. 참된 자기 이익의 길

이익을 분에 넘치게 바라지 말라. 이익을 바람이 분을 넘게 되면 어리석은 마음이 요동을 치나니, 그러므로 대성인이 '이익 멀리함을 부귀로 삼으라' 하셨느니라.

견 리 불 구 점 분　이 점 분 즉　치 심 필 동　시 고 대 성 화 인　이 소
見利不求霑分　利霑分則　癡心必動　是故大聖化人　以疎
리 위 부 귀
利爲富貴

석가모니불께서 천명하신 불교는 자리이타自利利他의 종교입니다. 나도 이롭게 하고 남도 이롭게 하는 것을 가르치는 대승의 종교입니다. 따라서 불교를 믿는 이들은 나만 이로워서도 안 되고 남만 이롭게 하여서도 안 됩니다. 인연업과因緣業果 속에서 서로가 서로를 이롭게 하고, 서로가 서로를 살려가야 합니다.

또한, 내가 사랑하는 사람은 이로워야 하고, 무관한 사람은 손해를 보아도 좋다는 종교가 아닙니다. 불자

들은 구원을 받고, 다른 믿음을 가진 이들은 지옥에 가
도 좋다는 종교가 아닙니다. 불성을 지닌 이 법계法界의
일체중생이 함께 이로움을 얻어 향상向上하고 깨닫도록
하는 종교가 불교입니다.

나도 이롭게 하고 남도 이롭게 하는 자리이타! 이 속
에 자비의 길이 있습니다. 지혜의 길이 있습니다. 이 속
에 대자재大自在와 대행복의 길이 있습니다. 그래서 불교
에서는 자리이타를 이상적인 삶으로 삼고 있습니다.

실로 남과 더불어 사는 이 법계에서는 자리와 이타가
결코 떨어질 수 없는 관계에 있으므로, 늘 서로를 믿고
이해하고 이익되게 하고자 노력해야만 평화롭고 행복
하게 살 수 있습니다.

그런데 이익을 분수에 넘치게 바란다면 어떻게 되겠
습니까? 자리이타는 고사하고 자리自利조차 이룰 수 없
게 됩니다. 자리는커녕 스스로를 그르치는 자훼自毀와
스스로를 망치는 자멸自滅의 길로 빠져들게 됩니다.

그럼 왜 자리이타가 아닌 자훼와 자멸의 길로 빠져드
는가? 자신의 이익만을 챙긴 이기심利己心때문으로, 이

것이 바로 치심癡心입니다.

치심은 흔히 '어리석은 마음'으로 번역합니다. 왜 어리석다고 하는가? '그렇게 되게끔 되어 있는' 인과의 법칙, 진리의 법칙을 모르기 때문에 어리석다고 합니다.

더 분명히 말하면 치심은 무명심無明心입니다. 밝음이 없는 마음, 어두운 마음입니다. 어둡기 때문에 갈 길을 잃고 방황을 합니다. 그래서 광명정대함을 잃고 방황하는 삶을 어리석은 삶이라고 하는 것입니다.

그래서 「보왕삼매론」은 설하고 있습니다.

"이익을 분에 넘치게 바라지 말라. 이익을 바람이 분을 넘게 되면 어리석은 마음이 요동을 친다."

그러나 이 어리석은 마음, 이 어리석은 치심은 탐욕이나 분노의 감정처럼 쉽게 느낄 수 있는 것이 아닙니다. 그나마 우리가 느낄 수 있는 것은 치심의 한 부분인 이기심입니다. '나'의 이익에 집착하는 이기심.

이 이기심은 잠깐 동안 우리를 만족시켜 줍니다. 하지만 그 만족은 오래가지 않습니다. 잠깐의 만족 뒤에

곧바로 이기심의 과보가 다가오기 때문입니다.

그리고 '나'만의 이익을 추구하는 이기심을 당연하게 여기고 내버려 두면 이기심이 '나'를 어둠 속에 가두어 버립니다. 이 이기심을 진하게 가지면 가질수록 밝은 빛을 차단하는 막이 더욱 두터워집니다.

이렇게 이기심이 두터워지면 '나에게 맞는다, 맞지 않는다'고 하는 분별심이 커지게 되고, 분별심이 커지면 주변 사람이나 세상에 의해 피해를 입지 않을까 하는 두려움을 느끼게 되며, 두려움에 빠져들면 자기를 보호 해야 한다는 강박관념 속에서 다른 사람을 파괴하려는 무의식적인 충동을 느끼게 됩니다.

또한 이기심은 정신만이 아니라 육체까지도 경직되게 만듭니다. 이기심으로 인해 육체의 여러 부분에 긴장감 이 생겨나고 몸 전체가 위축되며, 건강을 유지하는 데 꼭 필요한 생명 에너지가 크게 줄어들어, 알 수 없는 병 을 부르고 수명까지도 좌지우지하게 되는 것입니다.

가만히 생각해 보면 세상살이는 한판의 연극과도 같 습니다. '본전 놓고 본전 먹기'의 인생인데도, 이기심이

요구하는 이익과 명예와 권력의 덫에 걸려 허겁지겁 사는 경우가 많습니다. 정녕 이렇게 살 것입니까?

아닙니다. 맡은바 배역에 따라 멋들어지게 연극 한바탕 잘하고 가야 합니다. 스스로의 진실을 체험하며 향상의 길로 나아가는 삶을 살아야 합니다.

그렇게 하기 위해서는 지금 우리가 집착하고 있는 것들에 대해 얼마간의 거리를 둘 필요가 있습니다.

너무 가까이 있으면 잘 보이지 않지만, 조금 떨어지면 잘 볼 수 있기 때문입니다. 이와 같은 맥락에서「보왕삼매론」은 결론을 내리고 있습니다.

"이익을 멀리함을 부귀로 삼으라."

그냥 찾아드는 이익을 멀리하라는 말씀이 아닙니다. 분에 넘치게 이익을 바라는 것을 멀리하고, 노력한 만큼 얻는 떳떳함으로 부귀를 삼으라는 가르침입니다.

부디 이 말씀을 잘 음미하시어 참된 이익, 참된 삶을 위한 한 조각의 불씨를 마련하기를 축원 드립니다.

10. 억울함을 향상의 기회로

억울함을 당하여 자꾸 밝히려고 하지 말라. 억울함을
자꾸 밝히고자 하면 원망과 한이 무성하게 자라나니,
그러므로 대성인이 '억울함을 수행의 문으로 삼으라' 하
셨느니라.

被抑不求申明 抑申明則 怨恨滋生 是故大聖化人 以受抑
爲行門

세상을 살다 보면 뜻하지 않게 억울한 일을 당할 때
가 있습니다. 큰 억울함, 작은 억울함, 자신의 삶에 대
한 억울함, 남으로부터 받게 된 억울함들이 가득합니
다. 그리고 억울한 일을 당하였다고 느껴지면 그 즉시
속이 답답해지고 원통함을 견디지 못합니다.

그리고 억울함을 마음 깊이 새겨 원결怨結을 맺게 되
면, 결국은 나도 남도 함께 죽이게 됩니다. 서로를 살리

는 삶이 아니라 서로를 죽이는 삶을 살아가게 됩니다. 그래서 「보왕삼매론」은 우리에게 간곡히 당부를 하면서 그 원리를 설합니다.

"억울함을 당하여 자꾸 밝히려고 하지 말라. 억울함을 자꾸 밝히고자 하면 원망과 한이 무성하게 자란다."

억울함! 이것은 '나에게는 잘못이 없다'는 데서 시작됩니다. 실컷 잘해주었더니 돌아오는 것이 '정반대'라는 것입니다. 따라서 억울한 일을 당하면 어처구니가 없어지고 자존심이 깊이 상하게 됩니다.

그리고 큰 억울함을 당하면 '억울해서 못 살겠다'고 할 만큼 견디기가 힘이 듭니다. 상대를 용서할 수가 없고, 어떻게 해서라도 되갚아주고 싶어집니다. 억울함만은 밝혀야 한다고 소리칩니다.

'어떻게 그냥 넘겨? 밝혀! 꼭 밝혀야 해. 싸워서라도 밝혀. 그냥 참고 있으면 너만 바보가 되는 거야.'

'나'의 편이 되어주는 자아의 속삭임은 참으로 옳은 듯이 들리게 되고, 용기를 얻은 '나'는 억울함을 털어놓고 억울함을 밝히기 시작합니다.

물론 내가 당한 억울함을 지혜롭게 밝힐 때는 잘 해결이 됩니다. 맺힌 감정이 풀리고 화해와 밝음으로 돌아섭니다.

그러나 그 밝힘이 자존심을 상하게 한 데 대한 보복이 되어 버리거나 감정싸움이 될 때는 자꾸만 그릇된 쪽으로 나아갑니다. 냉정한 이성으로서가 아니라, '내가 옳다'는 감정이 앞서 있기 때문에 쉽게 매듭이 풀리지를 않습니다. 더욱이 상대의 부정적인 반응을 접하게 되면 스트레스만 쌓이고 미움만 더욱 짙어집니다.

정녕 억울함을 당하여 '나'를 죽이기란 쉽지가 않을 것입니다. 더욱이 "억울함을 밝혀라. 싸워라"고 하는 자아의 음성이 들릴 때는 참기가 매우 어려워집니다.

그러나 「보왕삼매론」 제2 '세상살이에 고난 없기를 바라지 말라'에서 우리가 함께 살펴보았듯이, 내가 받지 않을 고난과 억울함은 결코 나에게 오지 않습니다. 모든 이가 죽는 큰 사고에서도 멀쩡하게 살아남는 이가 있고, 전쟁중에서도 오히려 명예와 부를 얻는 이가 있듯이….

지금 억울함을 받고 있다면, 보이지 않고 느끼지 못할지언정 그 언젠가 내가 지은 업의 과보가 찾아온 것일 뿐입니다.

그러므로 우리는 지금의 억울함을 잘 극복해야 합니다. 지금의 억울한 감정을 잘 넘어서야 합니다. 어떻게? 「보왕삼매론」은 두 가지를 이야기하고 있습니다.

첫째는 '억울함을 받아들인다〔受抑〕'는 것입니다. 지금의 억울함을 받아들일 수 있어야 합니다. 또한, 행복을 원하는 이라면 이를 받아들일 줄 알아야 합니다.

그 까닭이 무엇인가? 억울함을 감정적으로 처리하면 어떠한 해결도 볼 수 없기 때문입니다. 분노·증오·절망 등의 부정적인 감정에 '나'를 내맡기면 죄업만 더욱 커지기 때문입니다.

그러므로 감정적인 행동보다는, 다가온 억울함에 대해 저항하지 말고 일단은 그대로 받아들일 줄 알아야 합니다. 억울함에 대한 즉각적인 반응과 번뇌망상으로부터 한 걸음 물러설 수 있어야 합니다.

받아들임과 물러남! 이것은 억울하게 살겠다는 것이

아닙니다. 모든 것을 단념하라는 것이 아닙니다. 오히려 억울한 상황이나 감정에 빠져 살지 말라는 것입니다. 본분에 충실하면서, 오해가 풀릴 때까지 지혜롭게 대처하며 기다릴 줄 알아야 한다는 것입니다.

둘째는 '능인能忍하라'는 것입니다. 능인은 '잘 참는다'는 뜻만 있는 것이 아니라, '능히 참고 용서하라'는 적극적인 뜻을 지닌 단어입니다. 바로 「보왕삼매론」의 가르침이 참는 것을 넘어서서 '용서한다'는 것입니다.

물론 큰 억울함을 당하였을 때 참고 지내기란 쉽지가 않습니다. 법으로도 해결할 수 없는 전혀 예상치 않았던 억울함, 도저히 이해가 되지 않는 억울함을 당하였을 때 어떻게 참을 수가 있겠습니까?

그런데도 불교에서는 '참아라'고 합니다. 나에게 올 것이 왔으니 그냥 받아들여 '참아라'고 합니다. 빚을 갚는 기회이니 '참아라'고 합니다. 보이지 않는 전생의 업 때문이라며 '참아라'고 합니다. 참아서 빚을 없애고 업을 녹이라고 가르칩니다.

한 걸음 더 나아가 지금의 억울함을 끼친 상대를 용

서하여 악연惡緣의 고리를 완전히 끊을 것을 가르칩니다.

잘 생각해 보십시오. 갚을 빚이 없으면 이제부터는 부자가 될 수밖에 없습니다. 이자나 쓸데없는 돈이 나가지 않기 때문입니다. 빚이 없으니 몸과 마음이 행복해지지 않을 수 없습니다. 빚 독촉을 받으며 괴로워하거나 빚을 갚기 위해 고민할 필요가 없기 때문입니다. 더욱이 빚을 갚으면서 서로의 잘못을 용서로써 모두 풀게 된다면….

억울함을 당하여 용서할 수 있는 사람! 다 용서하고 새 출발을 할 수 있는 사람! 그 사람이야말로 향상의 길로 나아가는 거룩한 분이라고 칭송하지 않을 수 없습니다.

그래서 「보왕삼매론」은 다음의 말씀으로 결론을 맺었습니다.

"억울함을 수행의 문으로 삼으라."

억울함을 당한 그때를 수행의 기회로 삼아라고 한 것입니다.

억울함을 담담하게 받아들여 자존심의 껍질을 벗는 기회, 나와 남의 대립 관계를 벗는 기회, 보이지 않는 빚을 갚는 기회, 좋은 것은 어서 오고 싫은 것은 접근하지 않기를 바라는 이기심을 벗는 기회, 묵은 업을 녹여 원만하고 진실한 행복을 이룩하는 기회로 삼아야 합니다.

이렇게 스스로 기회를 만들면, '나'에게 찾아든 억울함이 '나'를 향상시키고 나를 깨달음의 경지로 인도합니다. 그야말로 억울함이 깃들어 참된 수행의 문을 열어주는 것입니다.

그렇습니다. 찾아든 억울함은 피할 것이 아닙니다. 억울함을 잘 극복하면 단시간에 도가 크게 무르익습니다.

정녕 억울함을 넘어서는 요긴한 방법은 그것을 받아들이면서 내가 흔들리지 않는 데 있습니다. 내가 흔들리지 않는 것! 이것이 억울함을 수행으로 바꾸는 비결이라는 것을 꼭 명심하셔서, 끝없는 향상의 길을 열어가시기를 깊이 축원 드립니다.

結. 막힌 데서 통한다

이와 같이 막히는 데서 도리어 통하고 통함을 구하는 데서 도리어 막히게 되나니, 여래께서는 이 장애 속에서 보리도를 얻었을 뿐 아니라 앙굴리마라와 제바달다의 무리가 반역의 짓을 하였는데도 그들에게 수기를 주고 교화하여 성불토록 하셨느니라.

如是則居礙反通 求通反礙 如來於障礙中 得菩提道 及
鴦屈摩羅之輩 提婆達多之徒 皆來作逆 悉與其記 化令
成佛

어찌 저들의 거스름을 나의 순리로 삼지 않을 것이며, 저들의 훼방을 나의 성취로 삼지 않을 것인가.

豈不以彼逆 而爲吾之順 以彼毁 而爲吾之成也

평소에 장애를 생각해 보지 않으면 장애가 다다랐을 때 능히 이겨내지 못하여 법왕의 큰 보배를 잃게 되나니, 어찌 애석하고 슬프지 아니하랴!

어 금 약 불 선 거 어 애　즉 장 애 지 시　막 능 배 견　사 법 왕 대 보
於今若不先居於礙　則障礙至時　莫能排遣　使法王大寶
인 자 이 실　가 불 석
因兹而失　可不惜

　이제까지 우리는 걸림돌을 디딤돌로, 주춧돌로 바꾸
는 원리를 설한 「보왕삼매론」, 곧 '바라지 말아야 할〔不
求〕 십대애행十大礙行'에 대해 하나하나 살펴보았습니다.

1. 몸에 병 없기를 바라지 말라

염 심 불 구 무 병
念身不求無病

2. 세상살이에 고난 없기를 바라지 말라

처 세 불 구 무 난
處世不求無難

3. 마음공부에 장애 없기를 바라지 말라

구 심 불 구 무 장
究心不求無障

4. 수행하는 데 마 없기를 바라지 말라

입 행 불 구 무 마
立行不求無魔

5. 일을 꾀하되 쉽게 되기를 바라지 말라

모 사 불 구 이 성
謀事不求易成

6. 정을 나누되 이롭기를 바라지 말라

교 정 불 구 익 성
交情不求益成

7. 남이 내 뜻대로 순종하기를 바라지 말라

어 인 불 구 순 적
於人不求順適

8. 덕을 베풀되 보답을 바라지 말라

시 덕 불 구 망 보
施德不求望報

9. 이익을 분에 넘치게 바라지 말라

견 리 불 구 점 분
見利不求霑分

10. 억울함을 자꾸 밝히려고 하지 말라

피 억 불 구 신 명
被抑不求申明

　앞(序)에서도 밝혔듯이, 이 '십대애행'에는 인생살이에

서의 순경順境과 역경逆境이 반반씩 안배되어 있습니다.

① 몸의 병　　　② 세상살이의 고난
③ 마음공부의 장애　④ 수행의 마魔
⑩ 억울함을 당함은 역경에 대한 것이요,
⑤ 일의 쉬운 성취　⑥ 정을 나눔
⑦ 다른 이의 순종　⑧ 덕의 베풂
⑨ 이익은 순경에 대한 것입니다.

우리가 살고 있는 이 사바세계에는 순경과 역경이 공존하고 선과 악이 공존하기 때문에, 선업과 악업이 뒤섞인 이들이 태어납니다. 그리고 이 세계 속에는 완벽한 행복을 누리는 이도 없고 늘 불행하기만 한 이들도 없습니다.

동시에 누구나가 다 행복과 불행의 바이오리듬을 타면서 살아갑니다. 지금 불행한 사람이라 하여 영원히 불행에 빠져서 살지도 않고, 지금 행복한 사람이라 하여 영원히 행복하게 산다는 보장도 없습니다. 스스로가 하기에 따라 행복과 불행이 얼마든지 바뀔 수 있는 곳

이 사바세계입니다.

결국 선과 악이 뒤섞인 이 사바세계에 태어난 이들은, 순경과 역경을 어떻게 받아들이고 어떻게 노력하느냐에 따라 스스로의 운명을 새롭게 개척하면서 살게끔 되어 있습니다.

「보왕삼매론」에서 십대애행十大礙行을 설한 까닭도 여기에 있습니다. '역경이라 하여 결코 나쁜 것만이 아니요 순경이라 하여 결코 좋은 것만이 아님'을 잘 알아서, 순경과 역경을 넘어서는 도를 익히고 행복을 이루어내는 방법을 설하신 것입니다. 그래서 「보왕삼매론」의 십대애행 끝맺음 법문은 이렇게 시작하고 있습니다.

"이와 같이 막히는 데서 도리어 통하고, 통함을 구하는 데서 도리어 막히게 되나니."

막히는 데서 도리어 통하고 통함을 구하는 데서 도리어 막힌다는 사실! 실로 그러합니다. 이것을 우리는 잘 알아야 합니다.

흐르는 물도 멈출 때가 있습니다. 웅덩이나 둑을 만

나면 멈추는 것입니다. 그리고 그 웅덩이나 둑이 가득 채워지면 다시 흐르기 시작합니다. 또 소용돌이를 만나면 그 자리를 맴돕니다. 그 자리를 맴돌다가 빠져나갈 때는 더 빠른 속도로 흘러갑니다.

막힌다는 것! 그것은 잠깐의 멈춤입니다. 더 크고 원활한 흐름을 위해 힘을 모으는 것입니다. 인생살이의 시련 또한 마찬가지입니다. 그 시련을 넘어서면 더 큰 행복이 있음을 뜻합니다.

겨울은 영원히 겨울로만 있지 않습니다. 겨울이 다하면 봄이 오기 마련입니다. 더 엄밀히 말하면, 이 겨울이 다 가기 전에 봄은 이미 여기에 와 있습니다.

봄이 이미 와 있음을 알면 겨울이 힘들지 않습니다. 고난 속에 행복의 길이, 막힘 속에 영광의 길이, 장애 속에 해탈의 길이 있음을 알면 고난과 막힘과 장애가 결코 힘들지만은 않습니다.

틀림없는 사실은, 막혔으면 뚫리게 되어 있고, 장애와 해탈은 함께하고 있으며, 고난 속에 행복의 싹이 돋아나고 있다는 것입니다.

그런데도 우리는 지금의 겨울에만 집착합니다. 그래서 막히고 괴롭고 춥고 힘든 이 겨울을 빨리 벗어났으면 합니다. 심지어는 때가 되어야만 갈 겨울을 빨리빨리 보내고자 합니다. 「보왕삼매론」의 구절처럼 통함[通]을 구하는 것입니다.

그렇다고 고난과 막힘과 장애의 겨울이 '나'를 떠나갑니까? 아닙니다. 절대로 아닙니다. 오히려 겨울은 '나'를 더욱 얼어붙게 만듭니다. 겨울 속에서 죽게 만듭니다.

왜입니까? 통함을 구하는 그 마음이 '나'의 욕심이요 어리석음이요 이기심이기 때문입니다. 그 욕심과 분노와 어리석음, 그 이기심 때문에 막혔는데, 또다시 이기심을 부리고 욕심과 분노와 어리석음을 불러일으키면 어떻게 되겠습니까? 도리어 더욱 막힐 뿐입니다.

그러므로 장애가 올 때나 막혔을 때는 나를 되돌아보면서, 나의 이기심이나 욕심과 분노와 어리석음을 비워야 합니다. 안 되는 일, 꼬인 인간관계를 억지로 성사시키려 할 것이 아니라, 나의 욕심과 분노와 어리석음, 나의 이기심을 먼저 비워야 합니다. 그렇게만 하면 겨울도 살기 좋은 겨울이 됩니다. 봄 같은 겨울이 됩니다.

흔히들 '비워라'고 하면 일을 비우고 남을 비우고 인
연을 비우는 것으로 착각하는 불자들이 종종 있습니
다. 하지만 '비워라'는 가르침은 바깥을 비우라는 것이
아닙니다. 애착·욕심·분노·어리석음·교만·의심·게으
름 등으로 무장하는 나의 이기심을 비우라는 것이요,
동시에 주변에 대한 집착을 비우라는 것입니다.

나의 이기심을 비우고 배우자·자식 등 주변에 대한
집착을 비울 때 오묘한 경지는 저절로 나타납니다. 참
된 '나'가 나타나며, 나의 행복과 자비·지혜·사랑·환
희·영광 등이 나타납니다.

만약 나의 그릇 속에 담긴 이기심을 비우고 그 그릇
속에 자비심을 채우게 되면 우리는 모든 장애를 넘어서
서 해탈하는 정말 대단한 사람이 될 수 있습니다.

이기심에 빠진 채 통함을 구하면 오히려 막히게 되
고, 이기심을 비우면 이기심 때문에 생겨났던 장애가 모
두 오묘한 경지로 바뀌게 된다는 것을 불교는 일관되
게 가르치고 있습니다. 그리고 인생살이의 고난을 향상

과 해탈의 발판으로 삼을 것을 일깨우고 있습니다.

그래서 「보왕삼매론」은 부처님과 관련된 몇 가지 일을 특별히 강조하고 있습니다.

"여래께서는 이 장애 속에서 보리도를 얻었을 뿐 아니라, 앙굴리마라와 제바달다 등이 반역의 짓을 하였는데도 그들에게 수기를 주고 교화하여 성불토록 하셨느니라."

부처님께서 장애 가운데에서 보리도를 얻은 전생의 예는 우리가 익히 알고 있는 보시태자布施太子 이야기, 설산에서 반 구절의 게송을 듣기 위해 나무 위로 올라가 나찰을 향해 몸을 던졌던 설산동자雪山童子 이야기, 가리왕에게 팔다리와 코가 잘리면서도 화를 내거나 조금도 동요하지 않았던 인욕선인忍辱仙人 이야기 등 무수히 많습니다.

그와 같은 시련이 있을 때마다 부처님께서는 더 높고 깊은 도의 경지로 향상하여, 마침내 '석가모니'라는 이름으로 부처가 되신 것입니다.

그리고 부처가 된 다음에도 시련이 없었던 것은 아닙

니다. 고향인 카필라국의 멸망, 3개월 안거 기간 동안 말먹이용 보리를 공양하며 지낸 일, 외도들의 비방과 모함 등 여러 가지 시련이 있었습니다. 이를 『대지도론』 에서는 '구뇌九惱'라고 하여, 아홉 가지의 장애를 열거하 고 있습니다.

이 구뇌 중 가장 대표적인 것은 불교 교단을 빼앗기 위해 부처님을 죽이고자 했던 제바달다의 반역과, 99명 을 죽인 살인마 앙굴리마라를 교화한 사건입니다. 이 앙굴리마라와 제바달다의 이야기는 대부분의 불자들이 잘 알고 있기 때문에 구체적으로 소개하지 않겠습니다.

다만 한 가지, 부처님께서는 고난에 처하게 될 때마 다 동요됨이 없었다[無動]는 것입니다.

무동無動. 바로 이것입니다. 우리도 장애 속에서 흔들 리지 않아야 합니다. 고요한 평화로움을 잃지 않도록 해야 합니다. 내가 흔들리면 모든 것이 흔들리고, 내가 안정되면 모든 것이 제자리에 편안히 있게 됩니다.

물론, '나는 부처님이나 성인이 아니다. 감정이 많은 인간이라 그렇게 할 수가 없다.'고 하는 이도 있을 것입 니다.

하지만 누구를 위한 평화로움입니까? 누구를 위해 흔들리지 말라는 것입니까? 바로 '나'와 내 가족 등을 위해 흔들리지 말라는 것입니다. 내가 흔들리지 않는 것. 이것이 장애와 시련을 극복하는 최상의 비결이라는 것을 꼭 명심하시기 바랍니다.

마지막으로 「보왕삼매론」은 다가올 장애를 미리 생각해 볼 것을 당부하고 있습니다.

"도를 배우는 사람이 평소에 장애를 생각해 보지 않으면, 장애가 다다랐을 때 능히 이겨내지 못하여 법왕의 큰 보배를 이로 인해 잃게 되나니, 어찌 애석하고 슬프지 아니하랴."

실로 우리 불자들은 장애에 대해, 막힘에 대해, 고난에 대해, 맺힌 것에 대해 미리미리 생각해 보고 대처할 줄 알아야 합니다. 그 대처법은 거듭거듭 이야기하였듯이 나의 이기심을 비우는 것입니다.

끊는 것이 아닙니다. 버리는 것이 아닙니다. 비워야 합니다. 풀어야 합니다.

큰 스님들은 말씀하셨습니다.

"끊지 말고 풀어라. 툭 끊는 것이 버릇되면 마음도
그렇게 바뀐다. 맺힌 매듭은 풀어야 한다."

그렇습니다. 우리는 끊지 않고 풀어야 합니다. '나'를
비우고 풀어야 합니다. 욕심이 치솟고 고난과 장애와
시련이 다가오면 모름지기 먼저 풀고자 해야 합니다.
도망치지도 숨지도 말고, 이 자리에서 풀어야 합니다.

풀고자 노력하는데도 풀리지 않는 장애요 고난이요
악연이라면, 그때는 불보살님께 의지하십시오.

참회하고 기도하면서 불보살님의 가피를 구하십시
오. 매일매일, 특히 이기심과 자존심이 치솟아 오를 때
마다 기도를 하십시오. 기도를 통하여 '나'를 비워야 합
니다. 이기심과 자존심, 그리고 번뇌망상들을 비워야
합니다.

참회의 눈물 속에, 감사의 기도 속에, 이기심·욕심·
자존심·미움 등의 번뇌를 비우면 '나'는 저절로 바르게
됩니다. 지금 이 자리에 '바를 정正'으로 서 있게 됩니다.

내가 나의 있을 자리에 '바를 정正'으로 있게 되면,
모든 매듭은 저절로 풀리고 모든 문제는 스스로 사라

지며, 모든 것을 있는 그대로 볼 수 있는 반야般若의 지혜가 발현됩니다. 그리고 '나'의 실천이 그대로 자비가 되어, 행복과 영광이 언제나 나와 함께 하게 된다는 것이 부처님 가르침의 골격이요 「보왕삼매론」의 요점입니다.

청하옵건대, 맺힌 것을 풀고 푼 것을 더욱 원만히 만들어 가십시오. 서로가 믿고 수순하고 인정하고 수희찬 탄하며 살아가십시오. 이것이 보왕의 삼매를 이루는 값진 인생살이입니다.

부디 이 「보왕삼매론」의 가르침을 읽고 쓰고 생활화 하시어 걸림돌을 디딤돌로 바꾸고, 역경에서도 순경에서도 한결같이 깨달음의 길을 열어, 참으로 평화롭고 행복한 삶을 영위하옵기를 두 손 모아 축원 드리옵니다.

나무마하반야바라밀.

저자 김현준金鉉埈

동국대학교 대학원에서 불교학을 전공하고 한국학중앙연구원에서 한국불교를 연구하였으며, 우리문화연구원 원장과 효림출판사 대표 등을 역임하였다.

현재 불교신행연구원 원장, 월간 「법공양」 발행인 및 편집인, 효림과 새벽숲출판사의 주필로 활동하고 있다.

저서로는 『사찰, 그 속에 깃든 의미』 『예불문, 그 속에 깃든 의미』 『생활 속의 천수경』 『생활 속의 반야심경』 『생활 속의 보왕삼매론』 『화엄경 약찬게 풀이』 『신묘장구대다라니 기도법』 『미타신앙 미타기도법』 『관음신앙 관음기도법』 『지장신앙 지장기도법』 『참회』 『참회·참회기도법』 『불교의 자녀사랑 기도법』과 불교교리 총서인 『사성제와 팔정도』 『삼법인·중도』 『인연법』 『육바라밀』 등 30여 종, 편저로는 『뭐가 그리 바쁘노』 『바보가 되거라』 『석가 우리들의 부처님』 『바느질하는 부처님』 등 10여 종이 있다.

그리고 불자들의 신행을 돕기 위해 만든 사경집 20여 종과 『법화경』 『원각경』 『유마경』 『승만경』 『지장경』 『무량수경』 『약사경』 『자비도량참법』 『육조단경』 등 한글 번역 경전 및 불서 10여 종이 있다.

손안의 불서 4
보왕삼매론 풀이

지은이　김현준
펴낸이　김연지
펴낸곳　효림출판사

초　판　1쇄　펴낸날　2021년　5월　19일
개정판　1쇄　펴낸날　2023년　2월　22일
　　　　2쇄　펴낸날　2024년　9월　12일

등록일　1992년 1월 13일 (제2-1305호)
주　소　서울특별시 서초구 반포대로14길 30, 907호 (서초동, 센츄리Ⅰ)
전　화　02-582-6612, 587-6612
팩　스　02-586-9078
이메일　hyorim@nate.com

값 3,500원